Thomas Dahl
Käthe Kruse - Puppen

CIESLIKS
PREISFÜHRER

Für Marlies und Ingo

© Verlag Marianne Cieslik, Jülich 1993

Alle Rechte vorbehalten. Nachdrucke, Kopieren sowie jede Art von Vervielfältigung, auch auszugsweise, nur mit schriftlicher Genehmigung des Verlages. Die Wiedergabe von Gebrauchsnamen, Warenbezeichnungen, Warenzeichen usw. in diesem Werk berechtigt nicht zu der Annahme, daß solche Namen oder Zeichen im Sinne der Warenzeichen- oder Markenschutz-Gesetzgebung als frei zu betrachten sind und daher von jedermann benutzt werden dürfen.
Umschlaggestaltung: studio S, Düsseldorf
Druck: Kühlen KG, Mönchengladbach
ISBN 3-921844-35-5
Printed in Germany

Titelfoto: siehe Abb. 5

Inhalt

Einführung	4
Danksagung	14
Puppe I (1910 – 1930)	15
Puppe II (1922 – 1935)	45
Puppe III (1916 – 1925)	48
Puppe IV (1915 – 1925)	54
Puppe V + VI (1925 – 1966)	57
Puppe VII (1929 – 1949)	69
Puppe VIII + IX (1928 – etwa 1958)	73
Puppe VIII (1928 – etwa 1958)	90
V.E.B. (1950 – 1962)	94
Puppe X (1930 – etwa 1958)	99
Puppe XI (1930)	103
Puppe XII/XIII/XIV (1929 – etwa 1958)	106
Puppe XV (1932 – 1945)	116
Schaufensterpuppen (1933 – 1956)	118
Puppe XIV (1952 – 1957)	131
Modell „Käthe Kruse" (1955 – 1962)	133
Produktion nach dem Krieg, Kunststoffköpfe	140
Modell „Hanne Kruse"	145
Postkarten, Papierankleidepuppen, Bücher, Zubehör, Repliken	153

Einführung

Es gibt keine Puppenmacherin, über deren Produktion und Leben so viel geschrieben wurde wie über Käthe Kruse: Wunderschöne farbige Bildbände und nicht zuletzt die Autobiographie von Käthe Kruse geben dem Sammler die Möglichkeit, ihr interessantes und abwechslungsreiches Leben nachzuvollziehen. Dieser Preisführer verzichtet deshalb auf eine ausführliche Darstellung; er will sich eingehend mit ihren Puppen befassen.

In den letzten fünf bis zehn Jahren ist die Preisentwicklung von antiken Käthe Kruse-Puppen steil nach oben gegangen. Dies ist wahrscheinlich darauf zurückzuführen, daß
1. Stoffpuppen sehr empfindlich sind;
2. diese Puppen immer sehr teuer und nur wenigen Kindern aus wohlhabenden Familien vorbehalten waren;
3. sich viele Puppensammler auf Käthe Kruse spezialisiert haben und
4. die rein handwerkliche Verarbeitung dieser Puppen nie eine Massenproduktion zuließ.

Diese Gründe haben einen Preisführer wie den vorliegenden, speziell für die Käthe Kruse-Puppen, notwendig gemacht. Da Käthe Kruse ihre Puppen mit römischen Nummern von I bis XV versah, möchte ich dieser Reihenfolge auch in diesem Preisführer folgen. Dies ermöglicht dem Sammler eine einfache Zuordnung seiner Puppe. Zu jeder Puppennummer sind Puppen aus verschiedenen Herstellungsjahren vorgestellt.

Bei den Beschreibungen habe ich mich bemüht, jede Beschädigung aufzuzeigen, um dem Leser ein Preisgefühl zu vermitteln. Die meisten hier abgebildeten Puppen stammen aus privaten Sammlungen. Ich hatte immer die Möglichkeit, jede Puppe genauestens zu untersuchen. Die genannten Preise sind bei Auktionen oder auf Antiquitätenmärkten, Puppenbörsen und in Fachgeschäften erzielt worden. Die Preisangaben spiegeln einen akzeptablen Preis für die jeweilige Puppe wider. Erhalten Sie eine Puppe zu einem weit günstigeren Preis, und das Exemplar ist mit der Abbildung vergleichbar, so können Sie sich glücklich schätzen, denn dann haben Sie einen besonders „guten" Kauf gemacht.

Die Puppen werden nach folgendem System beschrieben:
1. Nummern, Typ und Herstellungszeit, Größe (in cm, vom Kopfmittelpunkt bis zu den Zehen).
2. Kopf: Zuschnitt, d.h. Anzahl der Nähte, Material, Mund, Augen und Besonderheiten.
3. Perücke: wenn vorhanden
4. Körperbeschreibung: Stoffart, Anzahl der Nähte, Zuschnitt der Hände und Form
5. Kleidung
6. Zustand
7. Preis

Die Preise sind in DM angegeben.

Worauf Sie beim Kauf achten sollten

Käthe Kruse-Puppen wurden immer in reiner Handarbeit hergestellt. Also kann man eigentlich keine zwei Puppen einer Serie miteinander vergleichen. Die Bemalung wurde immer von Hand ausgeführt, und jede Puppe hat einen eigenen, nicht wiederholbaren Ausdruck. Deswegen kann ein Preisführer wie dieser auch nur als Anregung zum Vergleich dienen.

Bedenken Sie, daß es sich um eine antike Stoffpuppe handelt, die in den meisten Fällen von Kindern bespielt wurde. Etwas Schmutz am Körper oder Patina im Gesicht müssen Sie schon in Kauf nehmen, denn anders als bei Porzellan- oder Celluloidpuppen, ließen sich Käthe Kruse-Puppen schwer reinigen.

Sollten Sie noch kein erfahrener "Kruse-Sammler" sein, kaufen Sie bei einem Fachhändler Ihres Vertrauens. Jeder seriöse Händler bemüht sich, Ihnen einwandfreie und preisgerechte Ware anzubieten.

Vermeiden Sie am Anfang Gelegenheitskäufe auf dem Flohmarkt. Der Verkäufer auf dem Markt ist vielleicht beim nächsten Termin schon nicht mehr anwesend, und Sie können nichts rückgängig machen. Lassen Sie sich auf Puppenbörsen und Antikmärkten immer die Adresse des Händlers geben!

Auf jeden Fall ziehen Sie die Puppe, für die Sie sich interessieren, ganz aus und untersuchen die Beschaffenheit des Stoffkörpers genau.

Stellen Sie sich folgende kritische Fragen:

1. Ist der Körper grob verschmutzt oder weist er sogar Flecken auf?
2. Sind Nähte aufgeplatzt oder Flicken aufgenäht?
3. Kann man die Markierungen auf der Fußsohle nicht mehr erkennen?
4. Sind Farbabweichungen zwischen Körper und einem Arm oder einem Bein zu erkennen?
5. Weist der Kopf Beschädigungen in der Bemalung auf?
6. Erkennen Sie in der Bemalung Risse oder Craquelés?
7. Ist der Kopf grob übermalt oder von Kinderhand "geschminkt"?
8. Ist die Perücke nicht handgeknüpft sondern tressiert?
9. Fehlen Teile der Perücke oder sind die Haare abgeschnitten?

Wenn all diese Punkte zutreffen, sollten Sie diese Puppe nicht kaufen! Können Sie nur wenige der oben aufgezählten Mängel feststellen, dann müßte dies im Preis der Puppe berücksichtigt werden. Erkennen Sie keinerlei Fehler und die Puppe hat sogar noch originale Kleidung und Schuhe, so haben Sie ein Spitzenstück in Händen.

KLEINE MATERIALKUNDE

Der Kopf

Sogenannter Maskenkopf. Feiner Stoff, meistens Nessel, wurde in einer Gesichtsform mit Wachs ausgegossen, später mit Pappmaché verstärkt und mit Ölfarbe bemalt. Die Kopfrundung wurde durch einen komplizierten Stoffzuschnitt erreicht und anschließend mit Holzwolle und Tierhaaren ausgestopft. Bei der Puppe I sind am Hinterkopf drei Nähte zu erkennen. Die Stoffköpfe der Seriennummern II, VIII, IX und X weisen nur eine Hinterkopfnaht auf. Die ersten Puppen hatten einen nicht drehbaren, fest angenähten Kopf. Erst ab 1928 verwendete man Kurbelköpfe, die mit Hilfe eines Splintes am Stoffkörper montiert wurden. Bei den Puppen von 1910 bis 1920 findet man nur gemalte Haare.

Erst ab 1929 wurden feine handgeknüpfte Perücken aus Echthaar verwendet. Beide Spielarten wurden beibehalten. Die Puppen VIII und IX gab es nur mit Perücken. Alle Käthe Kruse Puppen haben gemalte Augen. Das "Träumerchen", und "Du Mein" haben geschlossene Augen mit gemalten Wimpern. Außer Puppe II, dem Schlenkerchen wurden keine Wimpern gemalt. Manche Puppen haben besonders liebevoll ausgemalte Augen. Hier wurde durch eine Kratztechnik mit feinen kleinen Strichen der Iris ein lebendiger Ausdruck verliehen, die sogenannte Strahleniris. Alle Puppen, außer dem Schlenkerchen (Puppe II), weisen einen geschlossenen Mund auf. Bis in die fünfziger Jahre wurde der Oberlippenbogen durchgezogen gemalt.

Käthe Kruse-Puppen schauen nicht traurig. Ein besonderer Gemütsausdruck ist eigentlich, außer bei Puppe II, nicht zu erkennen. Der sogenannte Herzmund sollte dem Betrachter eigene Interpretationsmöglichkeiten offen lassen.

Der Körper
Alle Käthe Kruse-Spielpuppen haben angenähte Arme. Das Schlenkerchen Puppe II und die großen Babys V/VI haben durchgehende Beine am Trikotkörper. Beim Hampelchen XII sind die Arme wie die Beine lose angenäht. Alle anderen Puppen haben angeschnittene Beine mit Scheibengelenken.

Breite Hüften
Bei den frühen Exemplaren der Puppe I findet man einen sehr komplizierten Körperschnitt mit vielen Nähten. Etwa bis 1930 versuchte Käthe Kruse einen kindlich runden Körper in Stoff nachzumodellieren. Der aufwendig, mit feinem Rentierhaar gestopfte Körper war stämmig und dicklich. Ein Puppenbein hat fünf Nähte. Ab 1930 wurde dieser Zuschnitt rationalisiert und vereinfacht. Die Puppen wurden schlanker.

Hände
Von 1910 bis 1912 waren die Hände der Puppe I relativ grob modelliert. Man spricht hier von sogenannten "Froschhänden". Danach haben sie einen extra angenähten Daumen. Nach 1930 wurden die Hände aus einem Stück, etwa wie ein aufwendiger Fäustling, gearbeitet.

Kleidung
Käthe Kruse entwarf ihre Puppen in Konkurrenz zu den damals noch gebräuchlichen Porzellanpuppen. Deswegen wählte sie für ihre Puppen einfachere Kleidung, jedoch von solider Stoffqualität und sauberer Verarbeitung. Die Kleidung sollte haltbar sein. Die Puppe konnte leicht be- und entkleidet werden. Baumwollstoffe mit kleinen Mustern, wenig Spitze und einfache Verschlüsse sollten auch das Waschen der Kleidung ermöglichen. Jedes Jahr zur Messe wurde die Puppenkleidung aktualisiert. Man richtete sich nach der Kindermode, verzichtete jedoch auf modischen Schnickschnack. Es gibt nicht sehr viele unterschiedliche Puppentypen, aber die jeweilige, zur Puppe entworfene

Kleidung macht diese Puppe zu einem individuellen Zeitdokument. Aus diesem Grunde ist es für den Sammler wichtig, seine Käthe Kruse-Puppe möglichst mit Originalkleidung auszustatten, oder wenigstens die Kleidung im Stil der entsprechenden Zeit anzufertigen. Beim Nachnähen sind alte Schnittmuster, die von Käthe Kruse selbst herausgegeben wurden,, hilfreich. Käthe Kruse verstand sich durchaus als Künstlerin, und ihre Puppen waren eine kunsthandwerkliche Komposition. Eine Käthe Kruse-Puppe in nachgenähter Spitzengarderobe, zum Beispiel in französischer Manier, wäre ein grober Stilbruch.

Kennzeichnung

Bis 1955 Markierung auf der linken Fußsohle. Verwendet wurde ein Stempel mit dem Schriftzug "Käthe Kruse". Außerdem erkennt man häufiger eine Nummernfolge, die jedoch nicht auf das Datum der Herstellung schließen läßt. Von 1945 bis etwa 1959 ist zusätzlich ein Stempel "made in US Zone" verwendet worden. Zur gleichen Zeit wurden Puppen vom Typ Käthe Kruse in der DDR hergestellt. Sie sind mit "V.E.B. Bad Kösen" gestempelt. Diese Stempel sind häufig nur noch schemenhaft oder gar nicht mehr zu erkennen. Außerdem verließ jede Puppe das Werk mit einem Pappanhänger, auf dem der Firmenname aufgedruckt wurde. Dieser Anhänger ist fast immer verlorengegangen.

Herstellungsdatum

Das "Geburtsdatum" der Puppen ist häufig versteckt angebracht. Bei den festangenähten Köpfen findet man hin und wieder unter dem Kopflappen einen Datumsstempel. Bei Puppen mit Perücken erscheint auch öfters ein Datum auf dem Kopf unter der Perücke.

Restauration und Preis

Oft findet man in der Gesichtsbemalung der Puppen kleine Abplatzer oder Craquelés. Zuerst sollten Sie den Schaden begutachten und abwägen, ob er beseitigt werden muß. Ist das Malheur sehr klein, sehen Sie von einer Restaurierung ab. Findet man mehrere Craquelés, fragen Sie einen Restaurator Ihres Vertrauens, ob sich der Schaden verschlimmern kann. Ist dies der Fall, bestehen Sie aber immer darauf, daß nur die Schadensstelle behandelt wird, und nicht etwa das ganze Gesicht übermalt wird!!!

Kleinere Farbverluste der Bemalung geben manchmal der Puppe einen besonderen Ausdruck und sollten nicht nachgemalt werden. Schwierig ist die Restaurierung der feingemalten Haare. Manchmal ist es besser, hier den Schaden zu belassen und der Puppe eine Mütze aufzusetzen, ehe diletantische Malerei Ihre Puppe verdirbt.

Merke: Schlechte Reparaturen mindern den Wert einer Puppe um mindestens 50 Prozent. Gut ausgeführte, kaum sichtbare Restaurationen mindern, je nach Seltenheitsgrad der Puppe, zwischen 10 und 20 Prozent. Ein Tip: Restaurierungen der Bemalung erkennt man mit Hilfe einer UV-Lampe (Schwarzlicht). Die neue Bemalung erscheint unter diesem Licht wie ein grau-blauer, fast schwarzer Fleck.

Der Stoffkörper ist häufig verschmutzt. Durch die Verwendung von Tierhaar als Stopfmaterial, ist er nur schwer zu reinigen. Die Verwendung von flüssigen Reinigungssubstanzen hinterläßt "Stockflecken". Von "Waschversuchen" ist unbedingt abzuraten. Ist der Körper in schlechtem Zustand und sind mehrere Stellen grob geflickt, müssen Sie von einer Wertminderung um 50 Prozent ausgehen. Eine kleine Flickstelle oder nur ganz geringe Scheuerstellen an Händen oder Füßen mindern um 10 bis 20 Prozent. Leichte Verschmutzung mindert nicht! Restaurierungen am Stoffkörper sollten sorgfältigst ausgeführt werden. Lieber eine Stelle geflickt, als ein größerer Teil mit neuem Stoff bezogen.

Pflege

Bei Käthe Kruse-Puppen gilt: Zuviel des Guten ist schlecht. Die Ölbemalung der Gesichter ist empfindlich und sollte nur vom Fachmann oder erfahrenen Sammler gereinigt werden. Das Gleiche gilt für die Perücke. Bei Falschbehandlung können die Haare verfilzen oder gar die ganze Perücke einlaufen. Also hier auch wieder auf den Rat des Fachmannes oder eines Friseurs hören.

Die Puppen sollten nie direkter Sonnenbestrahlung oder starkem Kunstlicht ausgesetzt sein, da die Bemalung und die Kleidung verblassen können. Als Stoffpuppen sind Käthe Kruse beliebtes Ziel mancher Schädlinge. Legen Sie Mottenkugeln oder Mottenpapier in die Nähe Ihrer Puppen (Gefahrenhinweise beachten). Lavendel zum Beispiel bietet keinen ausreichenden Schutz. In eine Vitrine müssen diese Puppen nicht unbedingt. Denn im Gegensatz zu den weit empfindlicheren Porzellan- und Celluloidpuppen, können Kruse-Puppen schon mal "einen Puffer vertragen". Dann sollten Sie aber Ihre Puppen regelmäßig abstauben und die Kleidung gelegentlich vorsichtig reinigen.

Käthe Kruses Leben in Stichworten

17.09.1883: geboren in Breslau. Katharina Simon, Mutter: Christiane Simon, Schneiderin, Vater : Robert Rogaske, Beamter
1899: im Alter von 16 Jahren nimmt sie Schauspielunterricht bei Otto Gerlach in Breslau.
1900: Engagement am Berliner Lessing-Theater Künstlername "Hedda Somin"
1902: lernt sie den dreißig Jahre älteren Bildhauer Max Kruse kennen
1902: Geburt der ersten Tochter Maria, genannt "Mimmerle"
1904: Geburt der zweiten Tochter Sophie, genannt "Fifi"
1909: endlich Heirat mit Max Kruse, Geburt der dritten Tochter Johanna, genannt "Hannerle"
1910: Herstellung der Puppe I. Teilnahme an einer Ausstellung im Warenhaus Tietz unter dem Motto: "Spielzeug aus eigener Hand". Die Karriere der Puppenmacherin beginnt.
Anfang 1911: Wenige Monate stellt Kämmer und Reinhardt Käthe Kruse-Puppen in Lizenz her.
Ende 1911: Käthe Kruse beschließt ihre Puppen doch selber herzustellen. Aus Amerika kommt der erste Auftrag über 150 Puppen.
1911: Geburt des Sohnes Michael, genannt "Michel"
1912: Umzug von Berlin nach Bad Kösen an der Saale. Die Käthe Kruse-Werkstätten werden gegründet.
1912: Geburt des Sohnes Jochen, genannt "Jockerle"
1918: Geburt des 2. Sohnes Friedebald, genannt "Biball"
1921: Geburt des 3. Sohnes Max, genannt "Maxl"
1937: Goldmedaille für Käthe Kruse-Produkte auf der Weltausstellung in Paris.
1942: Tod von Max Kruse senior, im Alter von 88 Jahren.
1943: Tod des Sohnes Jochen.
1944: Tod des Sohnes Friedebald.
1945: Aufbau von Zweigbetrieben im "Westen"
      - in Bad Pyrmont durch Max Kruse jun.
      - in Donauwörth durch Michael Kruse.
1947: Schließung der Betriebsstätte in Bad Pyrmont.

1950: Bad Kösen wird sowjetische Besatzungszone, Käthe Kruse flüchtet in den Westen.
1955: in Lizenz werden von der Firma Schildkröt Puppen mit dem Namen Käthe Kruse hergestellt (bis 1962).
1956: Käthe Kruse zieht sich aus dem aktiven Betriebsleben zurück. Sie lebt mit ihrer Tochter Maria in München. Sie macht bis zu ihrem Lebensende Werbung für ihre Puppen und hält Vorträge.
1956: Verdienstkreuz I. Klasse für Käthe Kruse.
1958: Die Söhne Max und Michael übergeben die Firma der älteren Schwester Hanne Adler-Kruse und ihrem Mann Heinz Adler.
1968: im Alter von 84 Jahren stirbt Käthe Kruse. Sie wird in Murnau bei München beigesetzt.

Danksagung

Mein besonderer Dank gilt dem Ehepaar Tiny und Frans Riemertsma, Den Helder, NL, die es mir in unendlicher Geduld und mit großem Arbeitsaufwand ermöglicht haben, die Puppen in ihrem wunderschönen Museum zu fotografieren. Ich halte Tiny Riemertsma für eine absolute Expertin auf dem Gebiet "Käthe Kruse", und ihr Sachverstand war mir dementsprechend hilfreich. Ohne meine Freundin, Ursula Weber, die alle Puppen photographierte, wäre dieses Buch nicht möglich gewesen. Vielen Dank! Meinen Verlegern, Jürgen und Marianne Cieslik, danke ich für ihre kompetente und herzliche Unterstützung.

Puppe I

Erste von Käthe Kruse hergestellte Puppe (ab 1910). Vorbild des modellierten Kopfes ist eine Kinderbüste von Fiamingo (Francois Duquesnoy). Der Kopf hat drei Hinterkopfnähte. Der Körper besteht aus sieben Stoffteilen, die Arme bestehen aus je zwei Stoffteilen mit angenähten Daumen. Die Beine sind aus je fünf Stoffteilen mit abgesteppten Nähten aufwendig genäht. Der Körper ist mit Rentierhaar gefüllt, der Kopf mit Holzwolle und Kapok gestopft.

Ab 1930 wurde der Zuschnitt von Körper und Händen vereinfacht. Der Daumen wurde nicht mehr extra angenäht, und der Körper und die Beine waren schlanker. Nicht drehbarer, fest angenähter Kopf. Gemalte Haare. Ab 1929 auch mit handgeknüpfter Perücke.

Immer gemalte Augen und geschlossener Mund.

Puppe I (1910 – 1930)

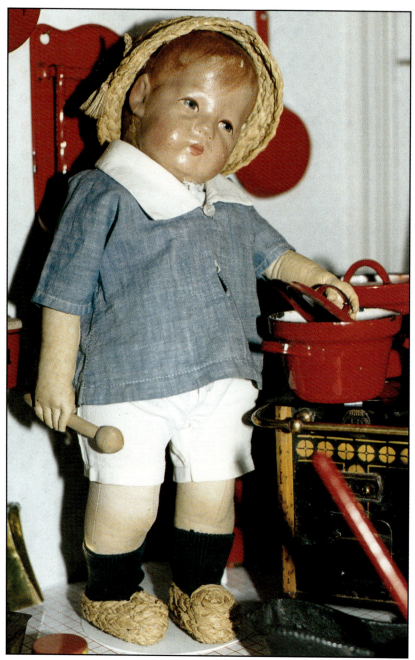

1 Puppenmuseum Den Helder

Puppe I (1910 – 1930)

2 Puppenmuseum Den Helder

1 - 3 Puppe I, *Mädchen,* um 1915, 43 cm
Gemalte Haare, braune Augen, extra angenähter Daumen, breite Hüften, originale Kleidung, sehr guter Erhaltungszustand.
7.500 – 8.500 DM
Junge, um 1915, 43 cm
Gemalte Haare, blaue Augen mit Strahleniris, extra angenähter Daumen, breite Hüften, schöne originale Kleidung mit Strohschuhen und Hut. Kleine Abplatzer, etwa stecknadelkopfgroß, im Gesicht.
7.500 – 8.500 DM

3 Puppenmuseum Den Helder

Puppe I (1910 – 1930)

4 Puppenmuseum Den Helder

4 Puppe I, um 1911, 43 cm Gemalte Haare mit starkem Farbauftrag, Ponyfrisur, braune Augen, Froschhände, breite Hüften, einfaches altes Hemdchen und gestricktes Häubchen. Stoffkörper leicht beschmutzt, sonst guter Zustand.

8.500 – 9.500 DM

Puppe I (1910 – 1930)

5 Sammlung Freisberg

5 Puppe I, Froschhände, um 1911, 43 cm
Reste gemalter Haare, dunkelblond, braune Augen, Froschhände, breite Hüften. Originale Kleidung, leichter Farbverlust im Gesicht. Sonst guter Zustand.

je 8000 – 9500 DM

Puppe I (1910 – 1930)

6 Puppenmuseum Den Helder

6 Puppe I, *Mädchen,* um 1916, 43 cm
Gemalte Haare, braune Augen mit Strahleniris, extra angenähter Daumen, breite Hüften, alte schöne Kleidung handbestickt. Gesicht leicht abgerieben, Körper beschmutzt und teilweise zerschlissen. **6.000 – 6.500 DM**

Junge, um 1916, 43 cm
Gemalte Haare, blaue Augen mit Strahleniris, extra angenähter Daumen, breite Hüften, schöne alte Strickkleidung, am Kopf geringfügige Kratzer.

7.500 – 8.500 DM

Puppe I (1910 – 1930)

7 Puppenmuseum Den Helder

Puppe I (1910 – 1930)

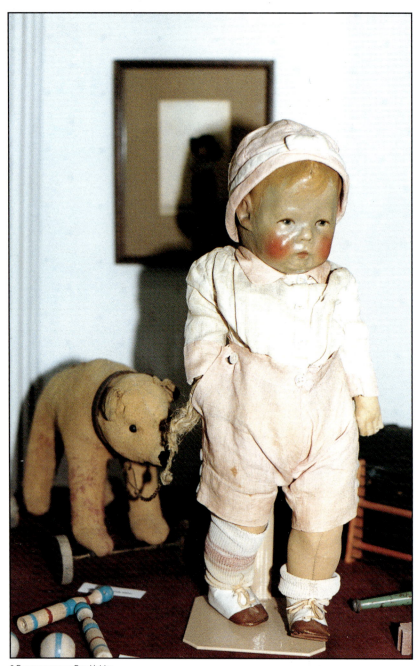

8 Puppenmuseum Den Helder

Puppe I (1910 – 1930)

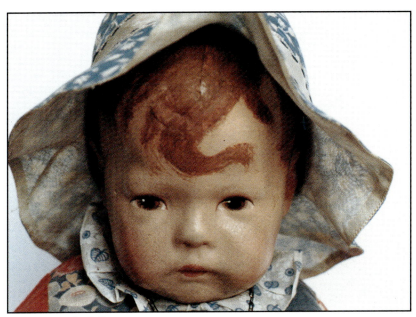

9 Puppenmuseum Den Helder

8 Puppe I, um 1920, 43 cm
Gemalte helle Haare, blaue Augen mit Strahleniris, kräftige rote Wangen, extra angenähter Daumen, breite Hüften, originale komplette Kleidung, Kopf gut erhalten, eine Hand beschädigt, Körper beschmutzt. Die gesamte Puppe weist eine dunklere Hauttönung auf. Vermutlich wurde sie von innen mit Teer beschichtet, um eine Imprägnierung gegen Feuchtigkeit zu erreichen.
6.500 – 7.500 DM

9 + 10 Puppe I, um 1920, 43 cm
Rote gemalte Haare mit starker Stirnlocke, braune Augen mit Strahleniris, extra angenähter Daumen, breite Hüften. Originales Kleid mit Hut, Spielschürze und Schuhe nicht original aber aus der Zeit. Guter Zustand, Körper leicht beschmutzt.
7.500 – 8.000 DM

10 Puppenmuseum Den Helder

Puppe I (1910 – 1930)

11 Puppe I, um 1920, 43 cm
Braune gemalte Haare, braune Augen, breite Hüften, Arme ergänzt, alte, aber nicht originale Kleidung, im Stil passend, Kopf abgerieben, Körper beschmutzt und nicht vollständig.
3.500 – 4.500 DM

12+13 Puppe I, um 1915, 43 cm
Braune gemalte Haare, blaue Augen, extra angenähter Daumen, breite Hüften, originale Kleidung im Stil des Historismus, Stirnlocke leicht restauriert, Finger bestoßen, ein Knie etwas geflickt.
6.500 – 7.500 DM

11 Puppenmuseum Den Helder

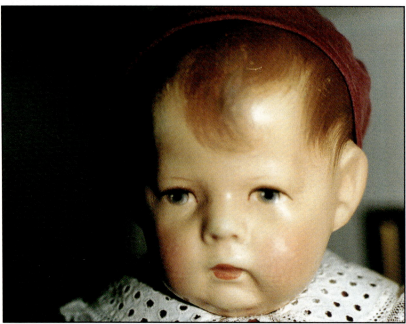

12 Puppenmuseum Den Helder

Puppe I (1910 – 1930)

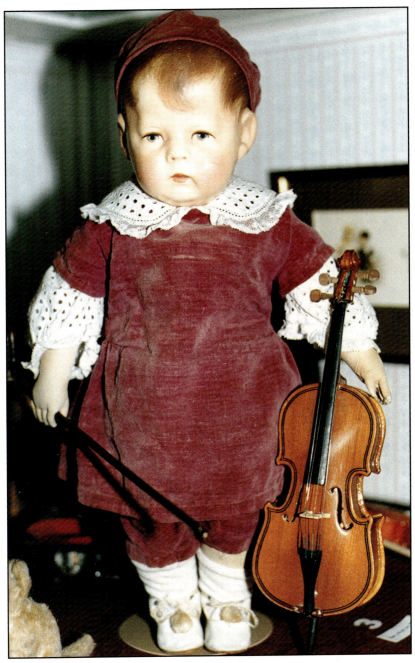

13 Puppenmuseum Den Helder

Puppe I (1910 – 1930)

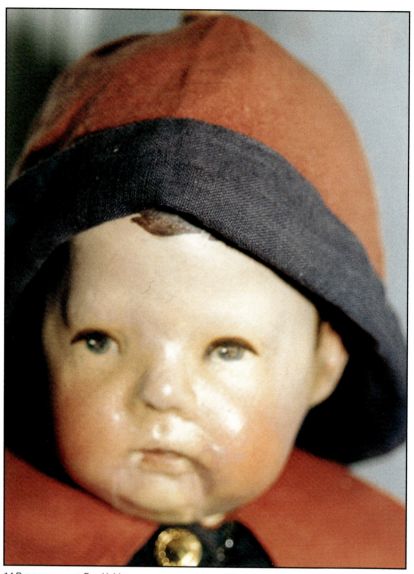

14 Puppenmuseum Den Helder

14 + 15 Puppe I, um 1916, 43 cm Gemalte Haare, braun mit starkem Farbauftrag, gemalte grünblaue Augen, extra angenähter Daumen, breite Hüften, alte Kleidung, teilweise original. Nasenspitze leicht restauriert, Körper beschmutzt, eine Hand mit Loch, Finger bestoßen. Schirm und Accessoires wurden nicht bewertet.

6.000 – 7.000 DM

Puppe I (1910 – 1930)

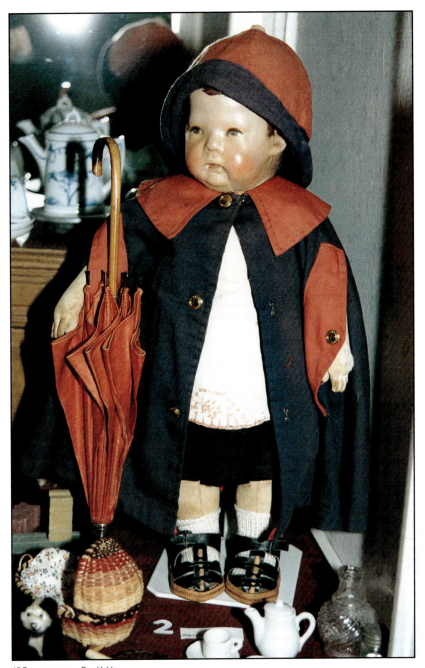

15 Puppenmuseum Den Helder

Puppe I (1910 – 1930)

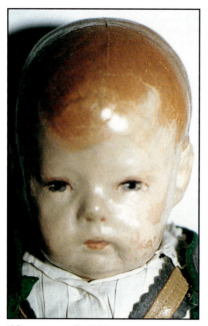

16 Puppenmuseum Den Helder

17 Puppenmuseum Den Helder

16 + 17 Puppe I, um 1925, 43 cm Gemalte rötliche Haare, blaue Augen mit Strahleniris, extra angenähter Daumen, breite Hüften, originale Trachtenkleidung mit Schuhen. Gesichtsfarbe abgerieben, Kratzer im Stirnbereich und auf den Wangen, am Hinterkopf Farbverlust.

5.000 – 5.500 DM

18 Puppe I, um 1916, 43 cm Gemalte rotbraune Haare, blaue Augen mit Strahleniris, extra angenähter Daumen, breite Hüften, Kopffarbe abgerieben, kleine Kratzer, Hinterkopf mit Farbverlust, Körper verschmutzt und stellenweise verschlissen, originale Matrosenkleidung mit Schuhen.

4.500 – 5.000 DM

Puppe I (1910 – 1930)

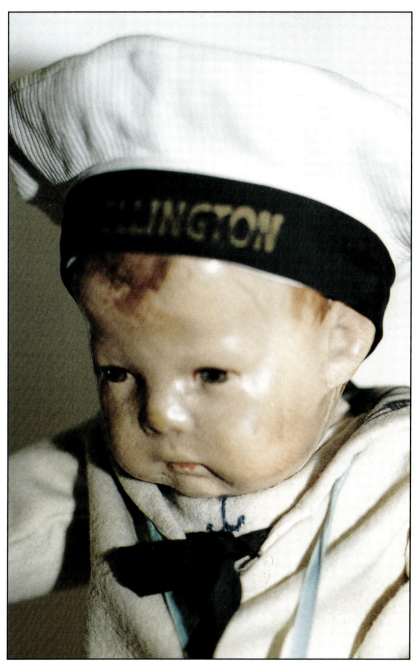

18 Puppenmuseum Den Helder

Puppe I (1910 – 1930)

19 Puppenmuseum Den Helder

Puppe I (1910 – 1930)

20 Sammlung Weber

19 Puppe I, um 1920, 43 cm
Gemalte braune Haare, blaue Augen mit Strahleniris, extra angenähter Daumen, breite Hüften, teilweise original bekleidet, Stricksachen alt aber ergänzt, Schuhe original, Stirnlocke leicht restauriert, Nasenspitze restauriert, am Hinterkopf leichter Farbverlust.

6.500 – 7.000 DM

20 Puppe I, um 1920, 43 cm
Gemalte braune Haare, blaue Augen, extra angenähter Daumen, breite Hüften, vollständig neu bekleidet, Kopf mit Farbverlust, Nase bestoßen, Stoffhals war eingerissen, ist aber fachmännisch restauriert, Finger bestoßen.

2.500 – 3.000 DM

Puppe I (1910 – 1930)

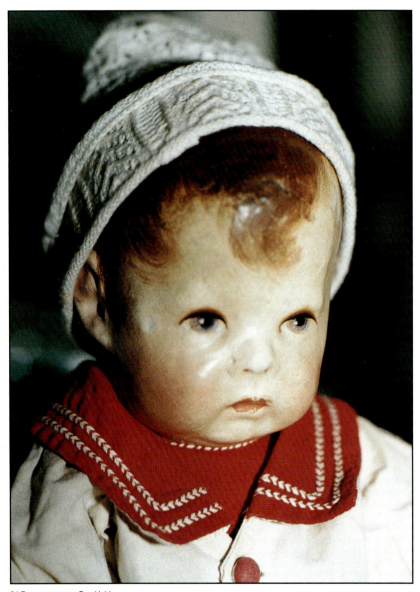

21 Puppenmuseum Den Helder

21 Puppe I, um 1920, 43 cm Dunkelbraune gemalte Haare, blaue Augen mit Strahleniris, extra angenähter Daumen, breite Hüften, originale Kleidung mit ergänzter alter Strickmütze, leichter Farbverlust am Hinterkopf und an der Oberlippe, sonst guter Zustand.

7.500 – 8.000 DM

Puppe I (1910 – 1930)

22 + 23 Puppe I, um 1915, 43 cm Gemalte dunkelbraune Ponyfrisur mit starkem Farbauftrag, blaue Augen, extra angenähter Daumen, breite Hüften, sehr seltene originale Trachtenkleidung mit originalen Holzklumpen, Nasenspitze restauriert, Körper stark beschmutzt und in schlechtem Zustand. Bewertet wurde vor allem die frühe Originalkleidung.
4.500 – 5.000 DM

22 Puppenmuseum Den Helder

23 Puppenmuseum Den Helder

Puppe I (1910 – 1930)

24 Puppenmuseum Den Helder

Puppe I (1910 – 1930)

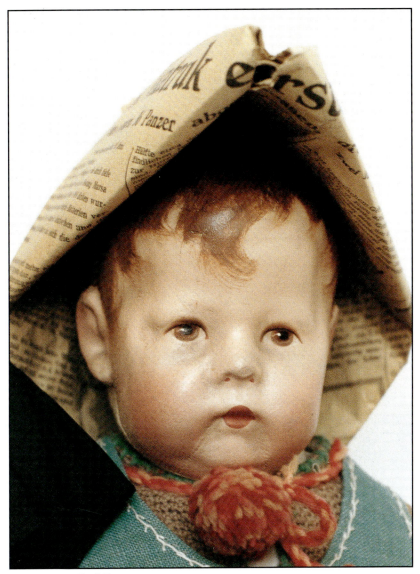

25 Puppenmuseum Den Helder

24 + 25 Puppe I, um 1915, 43 cm Feingemalte dunkelbraune Haare, braune Augen, extra angenähter Daumen, breite Hüften, originale Kleidung, Papiermütze gefaltet aus einer entsprechend alten Zeitung, kleine Restaurierung an der Nasenspitze, guter Zustand.

7.500 – 8.000 DM

Puppe I (1910 – 1930)

26 Puppenmuseum Den Helder

26 + 27 Puppe I, um 1913, 44 cm Braune gemalte Haare, blaue Augen, extra angenähter Daumen, breite Hüften, originale Jacke aus Cordsamt mit originalen Schuhen und Strümpfen, Strickhose ergänzt, Accessoires aus der Zeit nicht bewertet, Farbverlust an der Stirnlocke, Körper beschmutzt.

6.500 – 7.500 DM

Puppe I (1910 – 1930)

27 Puppenmuseum Den Helder

Puppe I (1910 – 1930)/Puppe I H (1929 – etwa 1950)

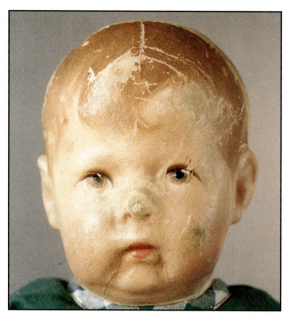

28 Foto Renate Hagemann

29 Sammlung Antke Hansen

28 Puppe I, um 1920, 43 cm
Hellbraun gemalte Haare, graublaue Augen mit Strahleniris, extra angenähter Daumen, breite Hüften, altes Leinenkleid, Kopf stark beschädigt, Körper sehr verschmutzt und teilweise zerschlissen.
2.000 – 2.500 DM

29 + 30 Puppe I H, 01.03.1938, 43 cm
Hinterkopf nicht bemalt, braune Augen, handgeknüpfte mittelblonde Echthaarperücke, Nesselkörper schlankere Ausführung, Hände in einem Stück. Originale Jacke, Photo von der Besitzerin als Kind, mit der Puppe. Im Gesicht fachmännisch restauriert. Am Körper mehrere Flickstellen. Unter der Perücke Datum der Herstellung.
3.500 – 4000 DM
bewertet wurde die Originalität

Puppe I H (1929 – etwa 1950)

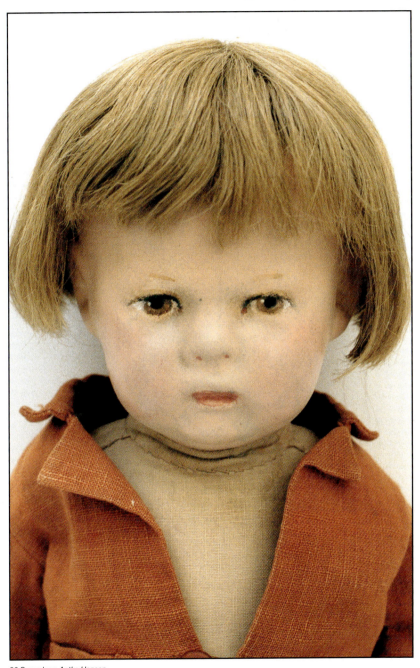

30 Sammlung Antke Hansen

Puppe I H (1929 – etwa 1950)

31 + 32 Puppe I H, 1932, 43 cm Hinterkopf nicht bemalt, braune Augen mit Strahleniris, handgeknüpfte Echthaarperücke, extra angenähter Daumen, breite Hüften, originale Kleidung mit Mantel, guter Zustand.
8.000 – 8.500 DM

31 Puppenmuseum Den Helder

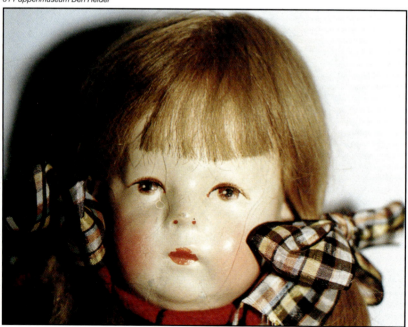

32 Puppenmuseum Den Helder

Puppe I H (1929 – etwa 1950)

33 + 34 Puppe I H, 1929, 43 cm Hinterkopf nicht bemalt, handgeknüpfte Mohairperücke (wurde nur 1929 für I H. verwendet), braun-graue Augen, extra angenähter Daumen, breite Hüften, originale Kleidung, guter Zustand, mit dieser Perücke sehr selten.

8.500 – 9.500 DM

33 Puppenmuseum Den Helder

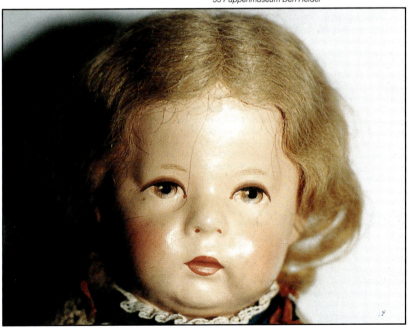

34 Puppenmuseum Den Helder

Puppe I H (1929 – etwa 1950)

35 Puppenmuseum Den Helder

35 + 36 Puppe I H, 1929, 43 cm *Ingelein,* Hinterkopf nicht bemalt, handgeknüpfte Mohairperücke, blond, extra angenähter Daumen, breite Hüften, komplette originale Kleidung mit Originalkarton, leichter Farbverlust im Gesicht, sonst guter Zustand.
8.500 – 9.000 DM
Wenn Originalkleidung und Karton fehlen, 1.000,— weniger.

37 Puppe I H, um 1935, 45 cm Hinterkopf nicht bemalt, dunkelblonde handgeknüpfte Echthaarperücke, blau-graue Augen, Hände in einem Stück, schlanker Körper, altes, vermutlich originales Kleidchen aus Waschseide, alte Schuhe, Gesicht mit stecknadelkopfgroßen Abplatzern, sonst guter Zustand.
3.500 – 4.500 DM
in perfektem Zustand 500,— mehr

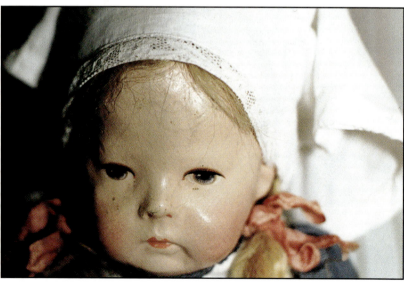

36 Puppenmuseum Den Helder

Puppe I H (1929 – etwa 1950)

37 Sammlung Weber

Puppe I, schlanker (1930 – etwa 1935)

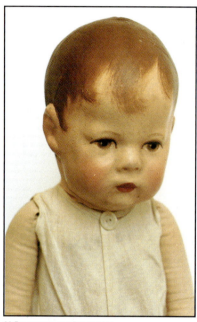

38 Puppenmuseum Den Helder

38 Puppe I, 1935, 45 cm
Maxi, braun gemalte Haare, braune Augen mit Strahleniris, Hände in einem Stück, schlanker Körper, gekleidet als Hemdenmatz in seiner Originalunterwäsche wie im Katalog von 1935 abgebildet, sehr guter Zustand.
3.500 – 4.500 DM

39 + 40 Puppe I, um 1939, 45 cm
Dunkelbraune gemalte Haare, blaue Augen, Hände in einem Stück, schlanker Körper, Bekleidung ergänzt, guter Erhaltungszustand.
3.000 – 3.500 DM

39 Foto T. Presuhn

40 Foto T. Presuhn

Puppe II
Das Schlenkerchen

1922 stellte Käthe Kruse ihre zweite Puppenschöpfung der Öffentlichkeit vor. Das Schlenkerchen wurde immer nur in 33 cm Größe hergestellt und ist ganz aus indanthrengefärbtem Baumwolltrikot gefertigt. Die Maske wurde vermutlich nach einem Putto von Andrea della Robbia (* 1435) modelliert. Mit Hilfe eines mit Mull und Watte umwickelten Drahtskelettes war es vollbeweglich und bis in die Hände biegsam.

Als einzige Puppe von Käthe Kruse besitzt sie einen lachenden Gesichtsausdruck, der durch einen offen/geschlossen modellierten Mund erreicht wurde. Das heißt: Nur die Lippen sind geöffnet, nicht aber der ganze Mund. Selten ist die Ausführung mit gemalten Wimpern.

Der Kopf weist nur eine Hinterkopfnaht auf. Der Trikotkörper hat kaum sichtbare Nähte, dadurch ist dieser Puppentyp auch unbekleidet schön. Angeboten wurde sie als Mädchen und als Junge gekleidet. 1935 wird die Produktion wieder eingestellt, da diese Puppe zu kostenaufwendig in der Herstellung war.

Puppe II (1922 – 1935)

41 Puppenmuseum Den Helder

42 Puppenmuseum Den Helder

41 - 43 Puppe II, um 1925, 33 cm Trikotkopf mit einer Naht am Hinterkopf, hellbraune gemalte Haare mit Stirnlocke, blaue Augen, offen/geschlossener Mund, Trikotkörper mit Drahtskelett, alte Kleidung nicht original, an der Stirnlocke starker Farbverlust, sonst guter Zustand.
8.500 – 9.500 DM
In unbeschädigtem Zustand und mit Originalkleidung bis 14.000 DM

Puppe II (1922 – 1935)

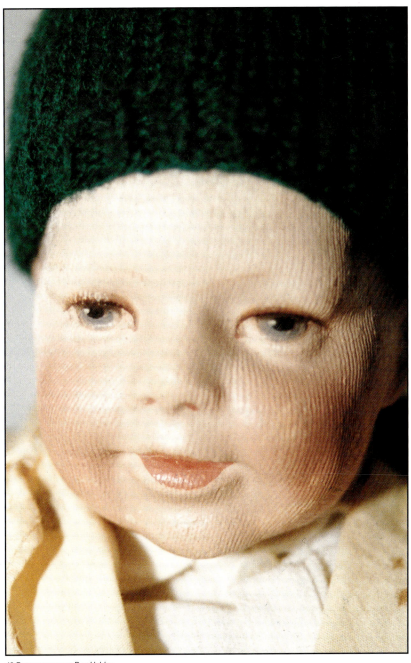

43 Puppenmuseum Den Helder

Puppe III
Puppenstubenpuppen

Von 1916 bis 1925 wurden in den Käthe Kruse-Werkstätten in Bad Kösen auch Puppen im Puppenstuben-Format hergestellt. Die Köpfe sind von Mathilde von Amsberg vermutlich nach den Gesichtern der Krusefamilie modelliert worden. Der Kopf ist aus Guttapercha. Sogar die Finger sind einzeln beweglich (siehe Abb. 45). Dadurch können die Püppchen winzige Gegenstände festhalten. Max Kruse, Ehemann der Puppenfabrikantin, hatte am 13.November 1914 dieses Drahtskelett zum Patent angemeldet. Es werden Soldaten in verschiedenen Uniformen und auch Märchenfiguren angeboten. Nicht viele dieser aufwendig gearbeiteten Puppen sind hergestellt worden und daher extrem selten zu finden.

Puppe III (1916 – 1925)

44 Puppenmuseum Den Helder

44 Puppe III, 1916 - 1925, 18 cm
Frauenfigur, Guttaperchakopf mit modellierten Haaren, gemalte braune Augen, Drahtkörper mit Mull und Faden umwickelt, original bekleidet, leichter Farbverlust im Gesicht und an der Frisur.

3.000 – 3.500 DM

Puppe III (1916 – 1925)

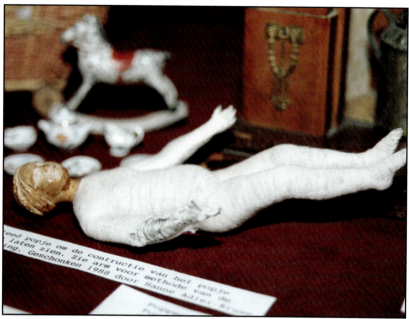

45 Puppenmuseum Den Helder

46 Puppenmuseum Den Helder

45 Puppenstubenpuppe III, 1916 - 1925, 18 cm
Aus Guttapercha modellierter Frauenkopf, modellierte Flechtfrisur, Bemalung fast vollständig abgerieben, Drahtkörper mit Mullstreifen und Fäden umwickelt, Finger einzeln gewickelt und beweglich, unbekleidet.
2.000 – 3.000 DM

46 Puppe III, *Puppenstubenpuppe,* 1916 - 1925, 18 cm
Männerfigur, Guttaperchakopf, hellblonde gemalte Haare und Bart, gemalte blaue Augen, Drahtkörper mit Mull und Faden umwickelt, original bekleidet mit Hut, Farbverlust am Bart und in der Haarbemalung. (Diese Puppe sieht Max Kruse ähnlich.)
3.000 – 3.500 DM

Puppe III (1916 – 1925)

47 Puppenmuseum Den Helder

47 Puppe III, 1916 - 1925, 18 cm
Puppenpärchen
Mann: Guttaperchakopf, mit dunkelbraun gemaltem Haar und Bart, sonst wie Abb. 28, original bekleidet, guter Zustand.

3.000 – 4.000 DM

Frau: Guttaperchakopf mit gemalten dunkelbraunen Haaren, sonst wie Abb. 29, original gekleidet, Farbverlust im Gesicht und am Haar.

2.500 – 3.000 DM

Puppe III (1916 – 1925)

48 Fotoarchiv J. & M. Cieslik

48 Puppen III, *Soldaten,* um 1911, 11 cm
Guttaperchakopf mit gemalter und modellierter Frisur, Originalkleidung, mit feldmarschmäßiger Ausrüstung. Drahtkörper mit Mull und Faden umwickelt. Finger einzeln gewickelt und beweglich.

Puppe III (1916 – 1925)

(Nach der Öffnung der deutschen Grenzen ist ein großer Posten dieser Soldaten aufgetaucht.)
je 1.000 – 1.500 DM

Puppe IV
Bambino

Bambino war als "Puppe für die Puppe" gedacht und 22 cm groß. Etwa 1915 hergestellt, erhielt sie den verkleinerten Kopf von Puppe I aus hartem Gips. Das Gesicht und die Haare wurden mit Ölfarbe gemalt. Der Körper aus Baumwolltrikot wurde mittels des patentierten Drahtskeletts beweglich gemacht. Finger und Zehen wurden nicht einzeln abgesteppt. Bambino wurde zu Werbezwecken verschenkt. Mit Gaze-Hemdchen und Flügeln aus Goldpapier bekleidet konnte es in der Weihnachtszeit als Dekoration gekauft werden. Die Käthe Kruse-Tochter Maria entwarf zum Bambino eine Wiege (siehe Abb. 49 unten). Etwa 1925 wurde die Produktion eingestellt, da sich das Gipsköpfchen als nicht sehr haltbar erwies. Extrem selten.

Puppe IV (1915 – 1925)

49 Fotoarchiv J. & M. Cieslik

49 Puppe IV, *Bambino,* 1932, 22 cm
Gipskopf mit gemalten braunen Haaren und Stirnlocke. Trikotkörper mit Drahtskelett. Sehr guter Zustand (Storch von Steiff).
3.500 – 4.000 DM

Puppe IV (1915 – 1925)

50 Puppenmuseum Den Helder

52 Fotoarchiv J. und M. Cieslik

53 Fotoarchiv J. und M. Cieslik

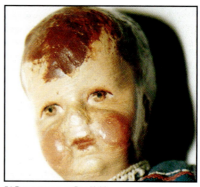

51 Puppenmuseum Den Helder

50 + 51 Puppe IV, *Bambino,* um 1923, 22 cm
Gipskopf mit gemalten braunen Haaren und Stirnlocke, braune Augen, Trikotkörper mit Drahtskelett, Originalkleidung mit Häkelschuhen, Stirnlocke etwas nachgemalt, Körper mit starken Rostflecken, die durch den rostenden Draht im Innern entstanden sind.

2.500 – 3.000 DM
in unbeschädigtem Zustand 1.000,— mehr

52 - 54 Originalverpackung zum Bambino, Karton, der zur Wiege umgesteckt werden kann. Entwurf Maria Kruse. Originalzustand, sehr selten.

250 – 300 DM

54 Fotoarchiv J. und M. Cieslik

Puppe V und VI

Träumerchen und Du Mein

Angeregt durch den Hausarzt der Familie, entwarf Käthe Kruse ein sogenanntes Lernbaby, das angehenden Kinderkrankenschwestern und Müttern als Übungsobjekt dienen sollte. Der Kopf wurde mit einer Hinterkopfnaht aus Trikot gefertigt und dann mit Ölfarbe bemalt. Der Trikotkörper wurde realistisch modelliert. Zehen und Finger waren beweglich. Ein Bauchnabel wurde aufgestickt und ein Po-Loch konstruiert, mit dessen Hilfe das Einführen eines Thermometers trainiert werden sollte. Der Kopf war locker angenäht. Um das Gewicht eines richtigen Babys zu erreichen, wurde der Körper mit Sandsäckchen gefüllt (deshalb Sandbaby). Später verwendete man Bleigewichte. Die erste Version hatte gemalte geschlossene Augen. Später wurden dem Träumerchen die Augen geöffnet. Die verbesserte Ausführung erhielt den Namen "Du Mein". Sie hatte einen gestopften Nesselkörper (ohne zusätzliches Gewicht) sowie einen extra angenähten Daumen. Ab 1930 erhielt sie eine feingeknüpfte Echthaarperücke mit einer Montur aus Müllergaze. Dieses feine Material ließ die "Kopfhaut" durchscheinen wie beim echten Baby. Ab 1935 wurden die Köpfe auch aus Magnesit hergestellt. Diese zementähnliche Masse wurde von Sophie Rehbinder, der Tochter von Käthe Kruse, für die Schaufensterpuppen entwickelt.

Träumerchen: Beschwerte Ausführung mit geöffneten und geschlossenen Augen. **Du Mein:** Unbeschwerte Variante, als Spielpuppe oder zur Schaufensterdekoration verwendet, mit geöffneten und geschlossenen Augen. **Nummer V:** 50 cm groß, bis zu fünf Pfund schwer. **Nummer VI:** 60 cm groß, bis zu sechs Pfund und mehr. Die Puppe mit geöffneten Augen erhielt ein w = wach hinter der römischen Ziffer; mit geschlossenen Augen wurde sie mit einem s = schlafend gekennzeichnet. Ausführung A = gewickelt mit Trikotkörper, Ausführung B = Nesselkörper gestopft wie Puppe I.

Puppe V und VI (1925 – 1966)

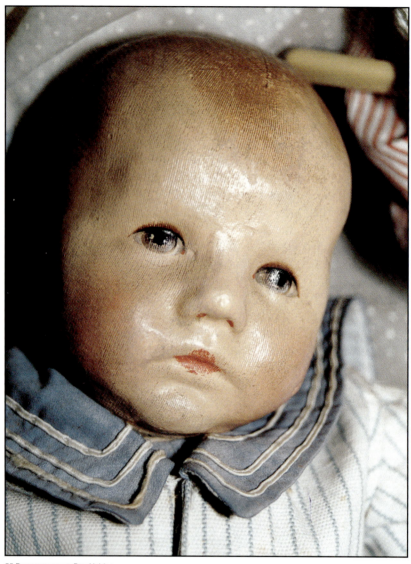

55 Puppenmuseum Den Helder

55 Puppe V w, *Du Mein,* Ausf. B, 1925, 50 cm
Dünne gemalte Haare, blaue Augen, Trikotkopf mit einer Hinterkopfnaht. Nesselkörper mit extra angenähtem Daumen. Alte schöne Bekleidung mit originalen Schuhen.

10.000 – 12.000 DM

Puppe V und VI (1925 – 1966)

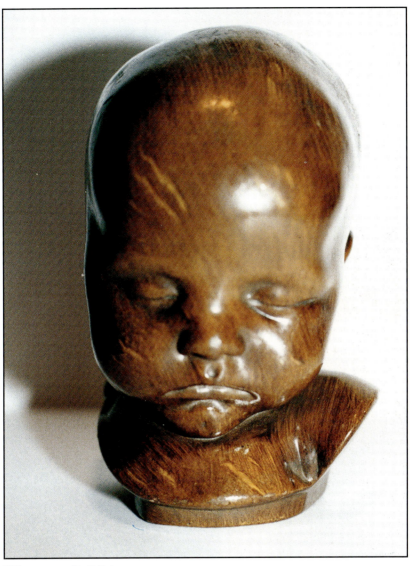

56 Puppenmuseum Den Helder

56 Gipsbüste, um 1920, ca. 25 cm hoch
Gipsbüste eines kleinen Kindes, schlafend, nach dieser Art Gipsbüste wurde *"Das Träumerchen"* modelliert. Die bemalte Version, in Spritztechnik, ist seltener.

150 – 250 DM

Puppe V und VI (1925 – 1966)

57 *Puppenmuseum Den Helder*

Puppe V und VI (1925 – 1966)

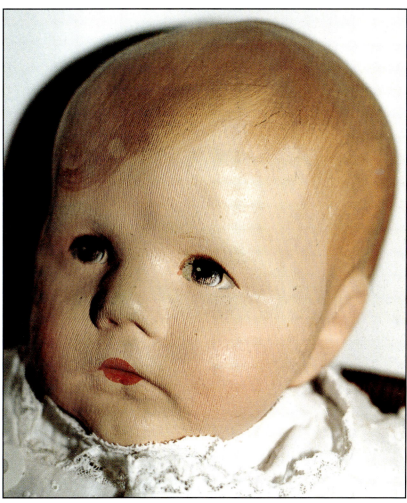

58 Puppenmuseum Den Helder

57 Puppe VI s, *Träumerchen,* Ausf. A, um 1925, 60 cm
Feine gemalte Haare, geschlossene Augen mit einzeln gemalten Wimpern, Trikotkopf mit einer Hinterkopfnaht. Trikotkörper beschwert, Bauchnabel aufgestickt, Po-Loch. Alte schöne Taufkleidung mit Haube. Sehr guter Zustand.

11.000 – 12.500 DM

58 Puppe V w, *Du Mein,* Ausf. A, um 1925, 50 cm
Unbeschwert, dünne gemalte Haare, blaue Augen, Trikotkopf mit einer Hinterkopfnaht. Trikotkörper ohne Bauchnabel, biegsame Hände und Füße. Altes schönes Taufkleid. Guter Zustand.

10.000 – 12.000 DM

Puppe V und VI (1925 – 1966)

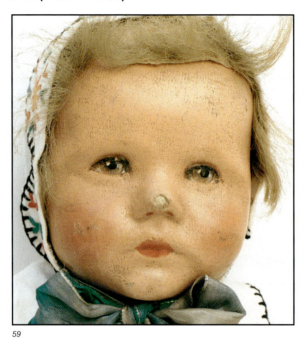

59

60

59 + 60 Puppe V w, *Du Mein,*
Ausf. A, um 1935, 50 cm
Feingeknüpfte blonde Echthaarperücke, blau–grün gemalte Augen mit Strahleniris, Trikotkopf mit einer Hinterkopfnaht. Körper aus Baumwolltrikot unbeschwert, Bauchnabel, alte originale Bekleidung. Gesicht und Perücke verschmutzt, Nase bestoßen. Hände und Füße zerschlissen.
8.000 – 9.500 DM

61 Puppe VI s, *Träumerchen,*
Ausf. A, um 1935, 60 cm
Fein gemalte hellbraune Haare, geschlossene Augen mit einzeln gemalten Wimpern, Magnesitkopf. Trikotkörper, Bauchnabel und Po-Loch. Alte Taufkleidung mit Haube. Guter Zustand.
6.500 – 7.500 DM

Puppe V und VI (1925 – 1966)

61 Puppenmuseum Den Helder

Puppe V und VI (1925 – 1966)

62 Fotoarchiv J. und M. Cieslik

62 Puppe VI w, *Träumerchen,* Ausführung A, um 1940, 50 cm Feingeknüpfte blonde Echthaarperücke, blau-grün gemalte Augen, Magnesitkopf, Trikotkörper, Bauchnabel und Po-Loch, beschwert, alte Bekleidung mit Stickerei. Zwei kleine Abplatzer auf der linken Wange. Sonst guter Zustand.

7.500 – 8.000 DM

Puppe V und VI (1925 – 1966)

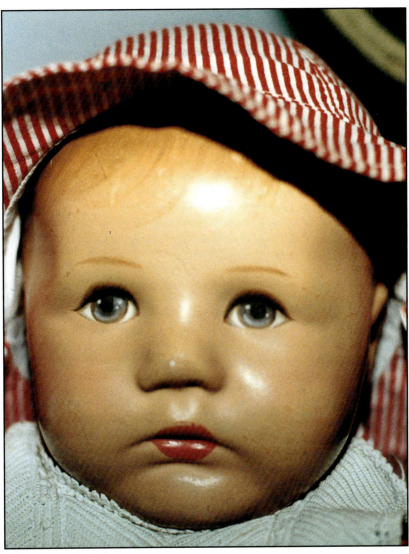

63 Puppenmuseum Den Helder

63 Puppe VI w, *Träumerchen,* Ausf. A, um 1935, 60 cm Feingemalte Haare, rötlich blond, gemalte blaue Augen, Magnesitkopf. Trikotkörper mit Bauchnabel und Po-Loch. Alte Bekleidung. Am Haaransatz und Hinterkopf Farbverlust, Hände etwas bestoßen.

5.000 – 6.000 DM

Puppe V und VI (1925 – 1966)

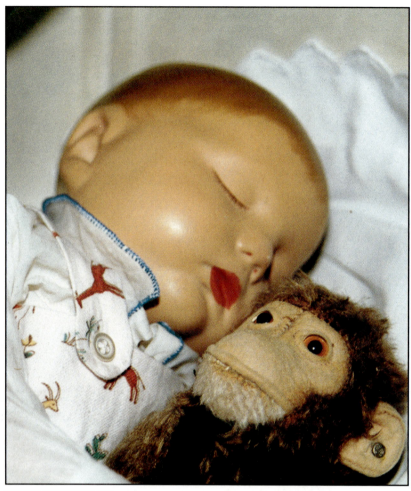

64 Puppenmuseum Den Helder

64 Puppe V s, *Träumerchen,* Ausf. A, um 1935, 50 cm
Feingemalte bräunliche Haare, geschlossene Augen mit einzeln gemalten Wimpern, Magnesitkopf. Trikotkörper beschwert, mit Bauchnabel und Po-Loch. Alte Kinderbekleidung. Nase leicht bestoßen. Hände zerschlissen.

5.000 – 6.000 DM

65 Puppe V w, *Träumerchen,* Ausf. A, um 1935, 50 cm
Feingemalte blonde Haare, braun–grüne Augen, Magnesitkopf. Trikotkörper beschwert mit Bauchnabel und Po-Loch. Alte Kinderbekleidung. Leichter Farbverlust an der Stirn und am Hinterkopf. Nase bestoßen. Finger leicht zerschlissen.

6.500 – 7.500 DM

Puppe V und VI (1925 – 1966)

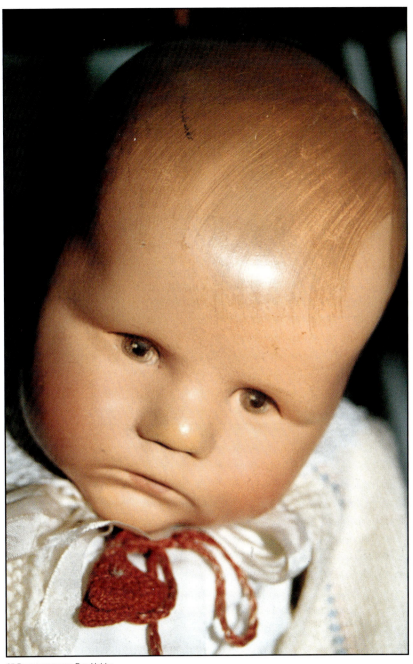

65 Puppenmuseum Den Helder

Puppe V und VI (1925 – 1966)

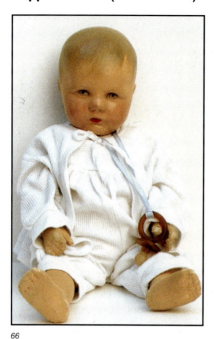
66

66 Puppe VI w, *Träumerchen,* Ausf. A, um 1935, 60 cm
Feingemalte blonde Haare, grau–blaue Augen, beschwerter Trikotkörper mit Bauchnabel und Po-Loch. Kinderbekleidung neu. Am Hinterkopf fachmännisch restauriert. Hände und Füße bestoßen.
6.500 – 7.500 DM

67 Puppe V w, *Träumerchen,* Ausf. A, um 1939, 50 cm
Feingemalte blonde Haare, blaue Augen, Magnesitkopf. Trikotkörper mit Bauchnabel und Po-Loch, beschwert. Originale Strickbekleidung. Nase fachmännisch restauriert, Daumen zerschlissen.
6.500 – 7.500 DM

67

Puppe VII
die kleine billige Käthe Kruse-Puppe

Im Firmenkatalog von 1929 erschien zum ersten Mal „die kleine billige Käthe Kruse-Puppe". Sie war eine Verkleinerung der Puppe I auf die Größe von 35 cm. Der Körperschnitt von Puppe I wurde verkleinert, die breiten Hüften beibehalten und der Daumen extra angenäht. Als Kopfmodelle nahm Käthe Kruse Puppe I oder den Kopf vom Träumerchen. Die Serie mit Träumerchen-Kopf wurde nur bis 1930 hergestellt und ist daher sehr selten. Die Kopfform Puppe I war bis 1949 in der Produktion. Ab 1930 wurde diese Version schlanker, eine andere Version hat eine handgeknüpfte Echthaarperücke.

Puppe VII (1929 – etwa 1949)

68 Puppenmuseum Den Helder

68 Puppe VII, Niddy, 1929, 35 cm Feingemalte braune Haare, braune Augen, Nesselkopf mit drei Hinterkopfnähten, fest angenäht. Körper aus Nessel, extra angenähter Daumen, breite Hüften. Bekleidung original als Niddy (siehe Katalog 1929). Rollschuhe ergänzt. Sehr guter Zustand.

12.000 – 14.000 DM

Puppe VII (1929 – etwa 1949)

69+70 Puppe VII, um 1930, 35 cm Feingemalte braune Haare, braune Augen, Nesselkopf mit drei Hinterkopfnähten. Körper aus Nessel, extra angenähter Daumen, breite Hüften. Originales Hemd und Unterwäsche, Stricksachen alt aber ergänzt. Leichter Farbverlust am Hinterkopf. Sonst sehr guter Zustand.
11.000 – 12.000 DM

Puppe VII (1929 – etwa 1949)

71 Foto: Renate Hagemann

71 Puppe VII, um 1929, 35 cm Feingemalte braune Haare, braune Augen, Nesselkopf mit drei Hinterkopfnähten, fest angenäht. Körper aus Nessel, extra angenähter Daumen, breite Hüften. Bekleidung aus alten Stoffen ergänzt. Starker Farbverlust an der Stirn und am Hinterkopf. Nase beschädigt.

4.000 – 4.500 DM

Puppe VIII
Das deutsche Kind

Die Puppe VIII erhielt, dem Zeitgeist jener Tage entsprechend, die Bezeichnung "Das deutsche Kind". Den Kopf modellierte Igor von Jakimow. Als Vorbild diente ihm Friedebald, einer der Söhne von Käthe Kruse. Sie wurde ab 1927 produziert. 52 cm groß, hatte die Puppe eine Art Brustblattkopf, der in den Stoffkörper eingenäht war. Zwei Jahre später verbesserte Max Kruse das Herstellungsverfahren mit Hilfe eines Balanciers, der Kopf wurde drehbar. Er wurde mit Hilfe eines Splintes am Körper befestigt. Am Hinterkopf findet man eine Naht. Die Bemalung des Gesichtes erfolgte in erprobter Manier mit Ölfarbe. Diese Puppe wurde nur mit einer handgeknüpften Perücke ausgestattet. Je nach Frisur und Kleidung erhielt man einen Jungen oder ein Mädchen. Im Gegensatz zu Puppe I war der Körper schlank modelliert. Weitere Merkmale: Arme lose angenäht, am Ellbogen abgewinkelt, Beine durch Scheibengelenke beweglich, Finger und Zehen einzeln abgesteppt. Als Stopfmaterial dienten Rentierhaar und Kapok. Die schlichte, aber solide gearbeitete Kleidung wurde immer der aktuellen Kindermode angepasst.

Puppe IX
Das kleine deutsche Kind

Puppe IX "Das kleine deutsche Kind" wurde ab 1927 hergestellt. Entspricht Puppe VIII, ist aber 35 cm groß.

Puppe VIII und IX (1928 – etwa 1958)

72 Puppenmuseum Den Helder

Puppe VIII und IX (1928 – etwa 1958)

73 Puppenmuseum Den Helder

72 + 73 Puppe VIII, 1927, 50 cm Wahrscheinlich Musterpuppe für Messe. Feine handgeknüpfte Echthaarperücke, braune gemalte Augen, Trikot-Brustblattkopf mit einer Hinterkopfnaht. Nesselkörper, Arme lose angenäht, Beine mit Scheibengelenken. Bekleidung ähnlich dem Bild von Hübner. Sehr guter Zustand.

4.500 – 5.000 DM

Puppe VIII und IX (1928 – etwa 1958)

Puppe VIII und IX (1928 – etwa 1958)

75

76

74 + 75 Puppe VIII, 1928, 50 cm
Feine handgeknüpfte blonde Echthaarperücke, blau-graue Augen, Brustblattkopf aus Nessel mit einer Hinterkopfnaht. Nesselkörper, lose Arme, Beine mit Scheibengelenken. Alte schöne handbestickte Kleidung. Originale Schuhe. Nase und Stirn bestoßen.

4.000 – 4.500 DM

76 Puppe VIII, *Friedebald,* um 1939, 52 cm
Feingeknüpfte dunkelblonde Echthaarperücke, blau-grüne Augen. Kurbelkopf aus Nessel mit einer Hinterkopfnaht. Nesselkörper mit lose angenähten Armen. Beine mit Scheibengelenken. Original bekleidet als *"Friedebald".* Schuhe fehlen. Stirn und Nasenspitze fachmännisch restauriert. Sonst guter Zustand.

2.500 – 3.200 DM

Puppe VIII und IX (1928 – etwa 1958)

77 Puppenmuseum Den Helder

77 Puppe VIII, um 1928, 52 cm Blonde handgeknüpfte Echthaarperücke, blaue Augen mit Strahleniris und zwei Lichtpunkten, Brustblattkopf aus Nessel mit einer Hinterkopfnaht. Nesselkörper, lose angenähte Arme, Beine mit Scheibengelenken. Alter Käthe Kruse-Schlafanzug. Guter Zustand.

4.000 – 4.500 DM

Puppe VIII und IX (1928 – etwa 1958)

78 Puppenmuseum Den Helder

78 Puppe IX, *Mäcke,* 1928, 35 cm
Feine handgeknüpfte Kunsthaarperücke, braune gemalte Augen. Brustblattkopf aus Nessel mit einer Hinterkopfnaht. Nesselkörper, lose angenähte Arme, Beine mit Scheibengelenken. Originalkleidung. Dabei ein Brief von Käthe Kruse, mit dem sie diese Puppe verschenkte. Sehr guter Zustand.

5.000 – 5.500 DM
bewertet wurde die Originalität.

Puppe VIII und IX (1928 – etwa 1958)

79 Puppenmuseum Den Helder

Puppe VIII und IX (1928 – etwa 1958)

80 Puppenmuseum Den Helder

79 + 80 Puppe VIII, *Friedebald,* um 1929, 52 cm
Feine handgeknüpfte Echthaarperücke mit Fassonfrisur, blaugrün gemalte Augen. Kurbelkopf aus Nessel mit einer Hinterkopfnaht. Nesselkörper mit lose angenähten Armen. Beine mit Scheibengelenken. Vollständige originale Bekleidung. Sehr guter Zustand.
3.800 – 4.500 DM

Ilsebill, um 1933, 52 cm
Feine handgeknüpfte blonde Echthaarperücke, blau-grün gemalte Augen. Kurbelkopf aus Nessel mit einer Hinterkopfnaht. Nesselkörper mit lose angenähten Armen. Beine mit Scheibengelenken. Vollständig original bekleidet als *"Ilsebill".* (siehe Katalog 1930-33) Augenbrauen nachgemalt. Teint verblasst. Körper verschmutzt. Finger zerschlissen.
2.500 – 3.000 DM
ohne Originalkleidung 500,— weniger

Puppe VIII und IX (1928 – etwa 1958)

81 + 82 Puppe VIII, *Annemarie,* 1932, 52 cm
Feingeknüpfte blonde Echthaarperücke, grüne gemalte Augen. Kurbelkopf aus Nessel, mit einer Hinterkopfnaht. Körper aus Nessel mit lose angenähten Armen. Beine mit Scheibengelenken. Bekleidung als *"Nonne"* von Franziskanerin gefertigt. Originale Kleidung und Karton als "Annemarie" dabei. Rarität.
4.500 – 5.000 DM

81 Puppenmuseum Den Helder

82 Puppenmuseum Den Helder

Puppe VIII und IX (1928 – etwa 1958)

83 Puppe VIII, *Junge links,* um 1932, 52 cm
Feine handgeknüpfte Echthaarperücke dunkelblond, blau-grau gemalte Augen. Kurbelkopf aus Nessel mit einer Hinterkopfnaht. Körper aus Nessel mit lose angenähten Armen. Beine mit Scheibengelenken. Originale Unterwäsche *"Hemdenmatz"*. Stark verschmutzt im Gesicht und Körper. An der Stirn und Oberlippe Farbverlust.
Mädchen rechts, um 1932, 52 cm
Feine handgeknüpfte Echthaarperücke blond, lang, sonst wie Abb. 83. Zustand vergleichbar.
je 1.500 – 2.000 DM

Puppe VIII und IX (1928 – etwa 1958)

84

85

84 Puppe VIII, *Jordi,* 26.06.1939, 52 cm
Mittelblonde handgeknüpfte Echthaarperücke, braun-grün gemalte Augen. Kurbelkopf aus Nessel mit einer Hinterkopfnaht. Nesselkörper mit lose angenähten Armen. Beine mit Scheibengelenken. Vollständig original bekleidet. Linker Arm geflickt. Finger bestoßen, Körper leicht angeschmutzt, sonst guter Zustand.
2.500 – 3.200 DM

85 Puppe VIII, um 1940, 52 cm
Feingeknüpfte Echthaarperücke, blaue Augen, Kurbelkopf aus Nessel mit einer Hinterkopfnaht. Körper aus Nessel mit lose angenähten Armen. Beine mit Scheibengelenken. Käthe Kruse-Kleidung aus den 80er Jahren neu. Guter Zustand.
2.800 – 3.200 DM

Puppe VIII und IX (1928 – etwa 1958)

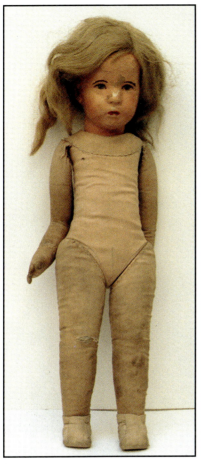

86

87

86 Puppe VIII, um 1940, 52 cm
Hellblonde Echthaarperücke handgeknüpft. Blau gemalte Augen. Nesselkopf mit einer Hinterkopfnaht. Nesselkörper mit lose angenähten Armen. Beine mit Scheibengelenken. Keine Kleidung. Körper stark verschmutzt. Füße übernäht. Große Farbabplatzer im Gesicht. Restauration nötig.

600 – 800 DM

87 Puppe VIII, Junge, um 1932, 52 cm
Feine handgeknüpfte blonde Echthaarperücke mit Fassonschnitt, grau-blau gemalte Augen mit Strahleniris. Kurbelkopf aus Nessel mit einer Hinterkopfnaht. Nesselkörper mit lose angenähten Armen. Beine mit Scheibengelenken. Alt bekleidet mit Käthe Kruse-Trenchcoat aus der Zeit. Sehr guter Zustand.

2.800 – 3.500 DM

Puppe VIII und IX (1928 – etwa 1958)

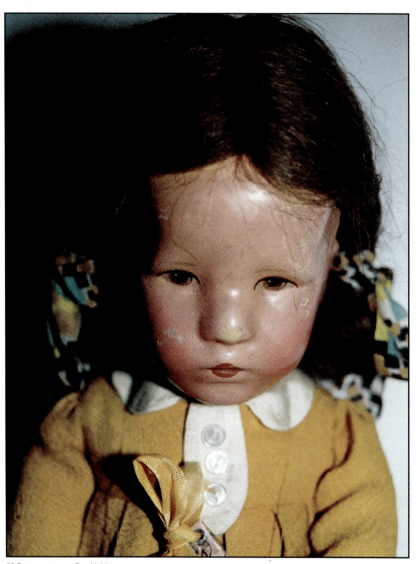

88 Puppenmuseum Den Helder

88 Puppe VIII, *Annemarie,* um 1940, 52 cm Dunkelbraune Echthaarperücke, braune Augen. Kurbelkopf aus Nessel mit einer Hinterkopfnaht. Körper aus einer Art Viskosefaser, weicher als Nessel. Mit lose angenähten Armen. Scheibengelenken an den Beinen. Originalkleidung mit Schuhen. Original-Anhänger. Körper verschmutzt. Kopf mit Farbabplatzern.
1.800 – 2.200 DM
in gutem Zustand 500,— mehr

Puppe VIII und IX (1928 – etwa 1958)

89

90

89 Puppe IX, um 1940, 35 cm
Feine handgeknüpfte Echthaarperücke. Blaue Augen. Kurbelkopf aus Nessel mit einer Hinterkopfnaht. Körper aus Nessel mit lose angenähten Armen. Beine mit Scheibengelenken. Alte Kleidung vermutlich original. Schuhe von Kruse, aber neu. Guter Zustand. Körper angestaubt.
1.700 – 2.200 DM

90 Puppe IX, um 1939, 35 cm
Dunkelblonde feingeknüpfte Echthaarperücke. Braune Augen. Nesselkopf drehbar mit einer Hinterkopfnaht. Nesselkörper mit lose angenähten Armen. Beine mit Scheibengelenken. Nicht bekleidet. Körper verschmutzt und eine Hand geflickt.
1.700 – 2.000 DM
Jungen sind seltener

Puppe VIII und IX (1928 – etwa 1958)

91 Puppenmuseum Den Helder

92

91 Puppe IX, um 1928, 35 cm
Feine dunkelbraune, handgeknüpfte Kunsthaarperücke. Braune Augen. Brustblattkopf aus Nessel mit einer Hinterkopfnaht. Nesselkörper mit losen Armen, Beine mit Scheibengelenken. Alte nicht originale Bekleidung. Leichter Farbverlust am Mund. Sonst guter Zustand.

3.500 – 4.000 DM

92 Puppe IX, um 1940, 35 cm
Feine handgeknüpfte mittelblonde Echthaarperücke. Gemalte grüne Augen seltener. Kurbelkopf aus Nessel mit einer Hinterkopfnaht. Nesselkörper mit lose angenähten Armen. Beine mit Scheibengelenken. Alte Bekleidung aus der Zeit, vermutlich von Kruse. Stirn und Nase fachmännisch restauriert. Sonst guter Zustand.

1.800 – 2.400 DM

—————————————————Puppe VIII und IX (1928 – etwa 1958)

93

93 Puppe IX, *"Buntscheckchen",* 1930, 35 cm
Feine handgeknüpfte Echthaarperücke. Braune Augen mit Strahleniris. Kurbelkopf aus Nessel mit einer Hinterkopfnaht. Körper aus Nessel mit lose angenähten Armen. Beine mit Scheibengelenken.
Absoluter Originalzustand mit Karton! Kleidchen aus Waschseide, Schuhe aus weißem Wachstuch. Guter Zustand. Körper angestaubt.

2.700 – 3.200 DM

Puppe VIII und IX (1928 – etwa 1958)

94 Puppenmuseum Den Helder

94 Rarität, Puppe VIII, 50 cm Diese Puppe VIII wurde von Käthe Kruse für Photopostkarten verwendet. Der Kopf von Puppe VIII ist drehbar auf einem vollständig biegsamen Trikotkörper montiert. Originalerhaltung. *Da nur ein Exemplar bekannt ist, kann diese Puppe nicht eingeschätzt werden.*

Puppe VIII
gemalte Haare

Puppe VIII wurde in den Kriegsjahren auch mit gemalten Haaren hergestellt. Käthe Kruse war es durch die schlechte wirtschaftliche Lage nicht möglich, Echthaarperücken anzubieten. Die Kunden hatten die Wahl zwischen echtem Haar (das sie einschicken mußten) oder gemaltem Haar. Die Stoffkörper in dieser Zeit wurden häufig aus Ersatzstoffen, wie Viskose (Bemberg-Seide) oder Brennesselstoff gefertigt. Da diese Puppe nur für Perücken vorgesehen war, hatte sie bemalt eine merkwürdige Kopfform. Deshalb erhielt sie den Beinamen "Eierkopf". Dieser Puppentyp ist seltener zu finden, bei Sammlern allerdings nicht sehr beliebt.

Puppe VIII gemalte Haare (1928 – etwa 1958)

95 - 97 Puppe VIII, *Eierkopf,* um 1946, 52 cm
Feingemalte Haare, braune Augen. Pappkopf mit Nessel bezogen. Körper aus Ersatzstoff, wahrscheinlich Viskose. Arme lose angenäht. Beine mit Scheibengelenken. Originalkleidung mit Haube. Sehr guter Zustand.
2.800 – 3.500

95 Puppenmuseum Den Helder

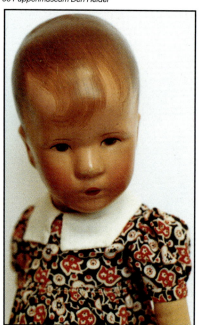

96 Puppenmuseum Den Helder

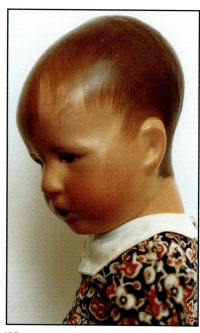

97 Puppenmuseum Den Helder

Puppe VIII gemalte Haare (1928 – etwa 1958)

98 - 100 Puppe VIII, *Eierkopf,* um 1946, 52 cm
Feingemalte braune Haare, blaugraue Augen. Pappkopf mit Nessel bezogen. Körper aus Ersatzstoff, vermutlich Viskose. Arme lose angenäht. Beine mit Scheibengelenken. Kleidung aus Ersatzstoff (Kriegsware) als Flieger. Nicht original, aber passend. An der Stirnlocke übermalt. Sonst guter Zustand.
2.000 – 2.500 DM
in gutem Zustand 500,— mehr

98 Puppenmuseum Den Helder

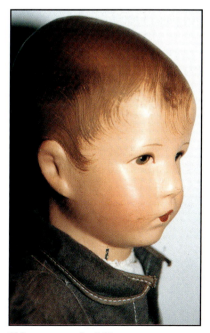

99 Puppenmuseum Den Helder

100 Puppenmuseum Den Helder

V.E.B.

In der Nachkriegszeit war Käthe Kruse gezwungen, ihr Werk in Bad Kösen zu verlassen. Die verbleibenden Reste der Käthe Kruse-Werkstätten wurden von den damaligen russischen Besatzern enteignet und später in "V.E.B. Bad Kösen an der Saale" umbenannt. Die Familie Kruse selbst versuchte einen Neuanfang in Bad Pyrmont, später dann in Donauwörth, wo sich der Betrieb heute noch befindet. Damit gab es zwei Produktionsstätten: Eine in Bad Kösen, die andere in Donauwörth. Die Puppen des V.E.B.-Betriebes in Bad Kösen sind auf der Fußsohle eindeutig gestempelt: Dreieck „V.E.B. Bad Kösen a. d. Saale". Die V.E.B. Puppen erhielten ab 1952 einen Plastik-Kopf. Sie erkennt man auch an den einfacher gemalten Gesichtern. Der Körper wurde aus einem gröber gewirktem Nessel hergestellt. Der Körperschnitt, vor allem der der Beine, war vereinfacht. Käthe Kruse stempelte ihre Puppen, die in den Werkstätten von Donauwörth entstanden, weiterhin mit ihrem Schriftzug und dem Zusatz "Made in U.S. Zone Germany".

V.E.B. (1950 – 1962)

101 Fotoarchiv J. & M. Cieslik

101 Puppe VIII, *V.E.B., Evelin,* um 1951, 52 cm
Handgeknüpfte, fast schwarze Echthaarperücke. Papp-Kurbelkopf, gemalte braune Augen, Nesselkörper mit lose angenähten Armen. Beine mit Scheibengelenken. Absolute Originalerhaltung mit Etikett. Wie Landenneu!
1.800 – 2.500 DM

V.E.B. (1950 – 1962)

102

V.E.B. (1950 – 1962)

102 Puppe VIII, *Friedebald, V.E.B.,* 1952, 52 cm
Handgeknüpfte Echthaarperücke blond. Kunststoffkurbelkopf. Gemalte braune Augen. Nesselkörper mit lose angenähten Armen. Scheibengelenken in den Beinen. Vollständige Originalbekleidung. Sehr guter Zustand. Dazu alte Spielschürze.
1.800 – 2.500 DM

103 + 104 Puppe VIII, *V.E.B,* um 1952, 52 cm
Handgeknüpfte Echthaarperücke, Zopffrisur. Kunststoffkurbelkopf. Gemalte braune Augen. Nesselkörper mit lose angenähten Armen. Scheibengelenke in den Beinen. Alt bekleidet, vermutlich original. Körper beschmutzt, sonst guter Zustand.
1.500 – 2.000 DM

103

104

V.E.B. (1950 – 1962)

105

106

105 Puppe VIII, *V.E.B.* um 1951, 52 cm
Handgeknüpfte Echthaarperücke, Kunststoffkopf. Braune gemalte Augen. Nesselkörper mit grober Stoffstruktur. Lose angenähte Arme, Beine mit Scheibengelenken. Bekleidung neu, Kopf Farbverlust, Beine geflickt.
1.400 – 1.600 DM

106 Puppe VIII, *V.E.B.,* ab 1952, 52 cm
Handgeknüpfte Echthaarperücke. Kunststoffkopf, braune gemalte Augen. Nesselkörper mit grober Stoffstruktur. Arme lose angenäht. Beine mit Scheibengelenken. Bekleidung neu. Kleiner Farbverlust im Gesicht. Körper angestaubt.
1.500 – 1.800 DM

Puppe X

Puppe X, die 1930 erstmalig verkauft wurde, war eine Erneuerung von Puppe VII. Man verwendete den Körperschnitt des "kleinen deutschen Kindes". Mit Hilfe des Balanciers konnte nun der verkleinerte Kopf der Puppe I als Kurbelkopf an den Körper angebracht werden. Wie bei Puppe VII und IX findet man nur eine Hinterkopfnaht.

Puppe X (1930 – etwa 1958)

107

108

107 Puppe X, um 1933, 35 cm
Feingemalte braune Haare, blaue gemalte Augen. Nesselkopf mit einer Hinterkopfnaht, drehbar. Nesselkörper wie Puppe IX. Altes Kleidchen nicht original. Farbverlust an der Stirn und am Hinterkopf. Körper verstaubt.
1.500 – 2.000 DM

108 Puppe X, um 1930, 35 cm
Feingemalte hellbraune Haare, braune gemalte Augen. Nesselkopf mit einer Hinterkopfnaht, drehbar. Nesselkörper wie Puppe IX. Originalkleid und altes Mäntelchen. Kleiner Farbverlust an der Stirnlocke, sonst guter Zustand.
2.500 – 3.000 DM

109 Puppe X, *Rapunzel,* um 1931, 35 cm
Feingemalte braune Haare mit Stirnlocke, blau-grün gemalte Augen. Nesselkopf mit einer Hinterkopfnaht, drehbar. Nesselkörper wie Puppe IX. Absolute originale Erhaltung mit Karton. Sehr guter Zustand. (Auf Karton originaler Preis 22,50 DM).
4.000 – 4.500 DM

Puppe X (1930 – etwa 1958)

109 Fotoarchiv J. & M. Cieslik

Puppe X (1930 – etwa 1958)

110 2 Puppen X, *V.E.B.,* um 1952, je 35 cm
Feingemalte braune Haare, braune gemalte Augen. Pappköpfe beschichtet, drehbar, Nesselkörper wie Puppe IX, gröbere Stoffstruktur.
Junge: Farbverlust an der Stirnlocke, sonst guter Zustand.
Mädchen: Farbverlust am Hinterkopf, sonst guter Zustand. Bekleidung alt, aus der Zeit, nicht original.
je 1.500 – 1.800 DM

110

Puppe XI
Das Schielböckchen

Diese Puppe gehört wohl zu den seltensten Käthe Kruse-Puppen überhaupt. Sie war nicht für den deutschen Markt bestimmt, eine Abbildung ist nur in einem 1930 erschienenen Exportkatalog zu finden. Käthe Kruse wurde bei diesem Puppentyp ihren eigenen Grundsätzen untreu. Denn diese Puppe hatte einen festgelegten Gesichtsausdruck, der bis dahin nicht in ihrem Puppenprogramm vorkam: seitwärts blickende Augen. Vielleicht war diese Serie eine Antwort auf die italienische Konkurrenzfirma Lenci, die in Amerika und England hohe Verkaufszahlen mit ihren Filzpuppen erreichte. Hintergrund: Mit "Schielböckchen" bezeichnete Käthe Kruse eigentlich spaßeshalber all´ jene Puppen, deren Augenbemalung nicht einwandfrei geraten war. Oft noch spät abends kontrollierte die Firmenchefin die tagsüber produzierten Puppen. Schielende Puppen erhielten ein Zettelchen mit der Aufschrift "Schielböckchen" und mußten am nächsten Tag in der Malstube korrigiert werden. Die Puppe Schielböckchen selbst ist eine Puppe mit zur Seite blickenden, gemalten Augen. Es sind nur zwei Exemplare bekannt. Aus diesem Grunde kann die hier abgebildete Puppe nicht eingeschätzt werden, da kein Verkaufspreis bekannt ist.

Puppe XI (1930)

111 - 113 Puppe XI, 1930, 53 cm
Feine handgeknüpfte Mohairperücke. Braune, nach links schauende Augen. Kopfmodell Puppe I. Kurbelkopf mit Nessel überzogen, eine Hinterkopfnaht. Körper aus Nessel von Modell VIII *"Das deutsche Kind"*. Vollständige Originalerhaltung. Bester Zustand.
keine Preiseinschätzung möglich

111 Puppenmuseum Den Helder

112 Puppenmuseum Den Helder

Puppe XI (1930)

113 Puppenmuseum Den Helder

Puppe XII/ XIII/ XIV

Das Hampelchen

Modelleur Igor von Jakimow entwarf für die Käthe Kruse-Werkstätten auch den Kopf des Hampelchens. Den Namen erhielt die Puppe aufgrund ihrer neuartigen Körperkonstruktion. Es wurde in der üblichen Methode ein Stoffkopf fest am Körper angenäht und mit Ölfarbe bemalt oder mit handgeknüpfter Echthaarperücke versehen. Am Hinterkopf blieben drei Nähte. Auf der Stirnmitte findet man eine Erhöhung, ähnlich einer kleinen Beule. Die Arme wurden locker am Körper angenäht. Die Beine, mit Hilfe eines Zwickels ebenfalls lose angebracht, verhalfen der Puppe zu einer sitzenden Stellung. Ein Band zwischen den Beinen und ein Knopf im Rücken sollten dem Hampelchen auch das Stehen ermöglichen. Aufgrund seiner lose wackelnden Beine wurde die Puppe dann "Hampelchen" genannt. Wirklich frei stehen konnte die Puppe jedoch nicht. Zusätzlich wurde das Hampelchen mit dem Kopf der Puppe I angeboten. 1945 gab es auch eine Version mit Hampelchenkopf und dem Körper von Puppe I. Das Hampelchen ist nicht sehr häufig zu finden. Noch seltener ist die Version mit gemaltem Haar.

Puppe XII/XIII/XIV

Puppe XII:	Größe 45 cm, Jakimow Kopf / Kopf I und gemalte Haare,
Puppe XII H.:	wie oben, aber mit handgeknüpfter Echthaarperücke,
Puppe XII B:	Größe 40 cm, wie oben, genannt "Baby Hampelschatz",
Puppe XIII:	Größe 35 cm, mit dem verkleinertem Kopf von Puppe und gemalten Haaren oder handgeknüpfter Echthaarperücke.
Das "Glückskind":	Größe 45 cm, wie XII jedoch mit vereinfachtem Körperschnitt und daher preiswerter, ab etwa 1930.
Puppe XII/I:	Kopf von Jakimow mit Körper von Puppe I, Größe 45 cm, ab 1945.

Puppe XII/XIII/XIV (1929 – etwa 1958)

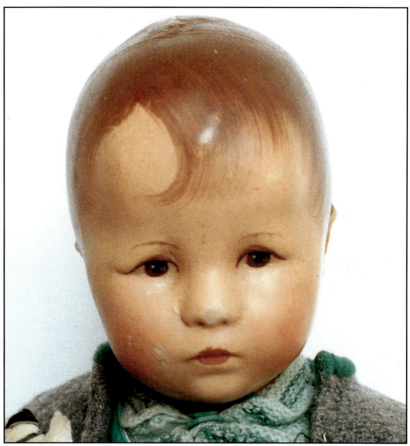

114 Puppenmuseum Den Helder

114 + 115 Puppe XII, *Hampelchen,* um 1942, 45 cm
Feingemalte braune Haare, braune, gemalte Augen. Jakimow-Kopf. Nesselkopf mit drei Hinterkopfnähten fest angenäht. Nesselkörper mit locker angenähten Armen und Beinen. Knopfverbindung von den Beinen zum Rücken. Hose und Schuhe original. Nase und linke Wange bestossen. Hände etwas verschlissen. Körper angestaubt.
3.500 – 4.000 DM

Puppe XII / XIII / XIV (1929 – etwa 1958)

115 Puppenmuseum Den Helder

Puppe XII/XIII/XIV (1929 – etwa 1958)

116 Puppenmuseum Den Helder

116 Puppe XII H, *Hampelchen,* um 1940, 45 cm
Tressierte braune Echthaarperücke, Hinterkopf nicht bemalt. Jakimow-Kopf aus Nessel mit drei Hinterkopfnähten. Kopf fest angenäht. Braune gemalte Augen. Nesselkörper mit locker angenähten Armen und Beinen. Knopfverbindung fehlt. Gesicht fachmännisch restauriert. Körper stark verschmutzt. Perücke nicht original. Originalkleid verblichen.

2.500 – 3.000 DM

Puppe XII/XIII/XIV (1929 – etwa 1958)

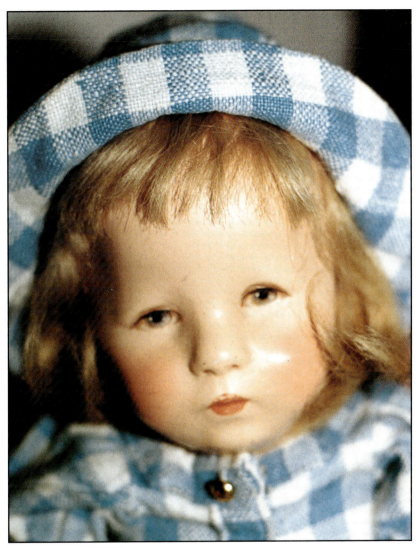

117 Puppenmuseum Den Helder

117 Puppe XII, *Hampelchen,* um 1943, 45 cm
Feingeknüpfte blonde Echthaarperücke, Hinterkopf nicht bemalt. Jakimow-Kopf. Nesselkopf mit drei Hinterkopfnähten, fest angenäht. Blaue gemalte Augen mit Strahleniris, selten, Nesselkörper mit locker angenähten Armen und Beinen. Knopfverbindung von den Beinen zum Rücken. Guter Zustand. Originale Kleidung.

4.500 – 5.000 DM

Puppe XII/XIII/XIV (1929 – etwa 1958)

118 Puppenmuseum Den Helder

118 Puppe XII H., *links: Das Glückskind, Florian,* 1930, 45 cm Feingeknüpfte blonde Echthaarperücke, braune gemalte Augen. Nesselkopf, Jakimow-Typ mit 3 Hinterkopfnähten. Arme und Beine locker angenäht. Knopfverbindung im Rücken. Einfacher Körperschnitt als Glückskind. Originale Kleidung wie im Katalog von 1930 als Florian. Guter Zustand.

5.000 – 5.500 DM

Puppe XII/XIII/XIV (1929 – etwa 1958)

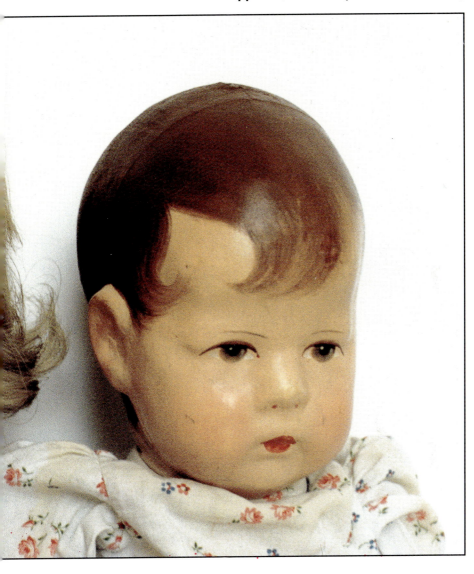

rechts: Hampelchen, um 1934, 45 cm
Feingemalte Haare, braune Augen. Nesselkopf mit drei Hinterkopfnähten, Typ Puppe I. Nesselkörper mit Knopfverbindung, locker angenähten Armen und Beinen. Originales Kleid. An der Stirnlocke kleine Beschädigungen, sonst guter Zustand.

3.500 – 4.000 DM

Puppe XII/XIII/XIV (1929 – etwa 1958)

119 Puppenmuseum Den Helder

120 Puppenmuseum Den Helder

119 + 120 Puppe XII H, *Hampelchen V.E.B.,* 1951, 45 cm Feingenüpfte blonde Echthaarperücke, braune gemalte Augen. Nesselkopf mit drei Hinterkopfnähten. Typ Puppe I. Nesselkörper mit locker angenähten Armen und Beinen. Alt bekleidet. Guter Zustand.

2.800 – 3.500 DM

Puppe XII/XIII/XIV (1929 – etwa 1958)

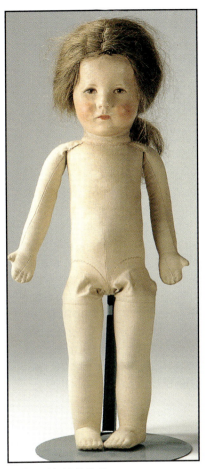

121 Fotoarchiv J. & M. Cieslik

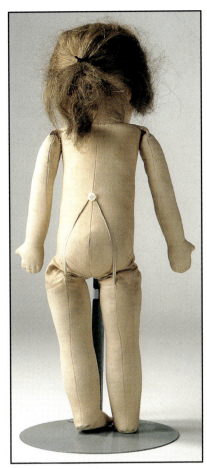

122 Fotoarchiv J. & M. Cieslik

121 + 122 Puppe XII H, *Das Glückskind,* um 1935, 45 cm Feingeknüpfte dunkelblonde Echthaarperücke, braune Augen, Hinterkopf nicht bemalt. Nesselkopf, Jackimow Typ mit drei Hinterkopfnähten. Arme und Beine locker angenäht. Knopfverbindung im Rücken. Einfacher Körperschnitt als *„Glückskind",* unbekleidet. Leichter Farbverlust im Gesicht, sonst guter Zustand.
3.500 – 4.000 DM

Puppe XV
Sternschnuppchen/ Sternblümchen

1932 entwarf Käthe Kruse eine weiche Puppe für die Allerkleinsten. Verwendet wurde die Gesichtsmaske der Puppe I und das Kopfmodell Hampelchen von Jakimow. Der Hinterkopf dieser Puppe ist ein angenähtes Häubchen. Dieser Kopf ist fest an einen weichgestopften Trikotkörper angenäht und einfachst zugeschnitten. Hände und Füße sind nicht ausgearbeitet. Der Körper war häufig aus farbigem Trikot passend zum gemusterten Stoff der Haube und des Kleides. In der Vorweihnachtszeit verkaufte man diese Puppe mit Flügelchen und einem goldenen Pappstern auf dem Kopf als Sternschnuppchen. Hergestellt wurden diese Puppen von 1932 bis 1945. Sie sind selten und meistens sehr bespielt.

Puppe XV (1932 – 1945)

123 Puppenmuseum Den Helder

123 + 124 Puppe XV, *Sternschnuppchen,* um 1940, 35 cm Maskenkopf. Jakimow-Typ. Feingemalte braune Haare, blaugraue Augen. Hinterkopf = festangenähte Haube mit Spitzenkranz. Rosafarbener Rumpf und Beine aus Strickstoff. Arme locker angenäht aus hautfarbenem Trikot. Tragekleidchen passend zur Haube. Guter Zustand.
4.500 – 5.000 DM

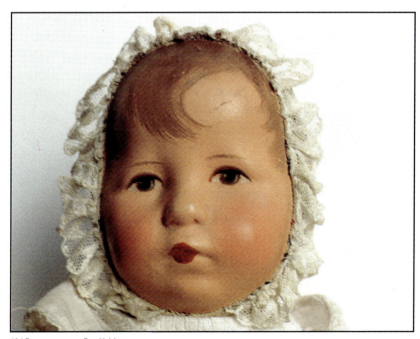

124 Puppenmuseum Den Helder

Schaufensterpuppen:

1933 konstruierte Sofie Rehbinder für ihre Mutter Käthe Kruse die erste Schaufensterpuppe. Mit Hilfe eines ortsansässigen Klempners hatte sie ein aufwendiges, lebensgroßes Skelett aus Stahldrähten und Kugelgelenken entworfen. Dieses Gerüst wurde mit Stoffstreifen und Watte umwickelt. Anschließend erhielt der Körper einen abnehmbaren Überzug aus lichtechtem Baumwolltrikot. Die Köpfe modellierte Sofie Rehbinder nach Familienmitgliedern, berühmten Schauspielern und Freunden der Familie. Die mittels eines Metalldorns abnehmbaren Köpfe wurden aus verschiedenen Lagen unterschiedlicher Stoffe kaschiert, die in Magnesit getränkt waren. Es gab bis zu hundert verschiedene Kopftypen allein für die Kinderpuppen. Diese konnte man mit handgeknüpften Perücken, je nach Frisur als Junge oder Mädchen, dekorieren. Die Perücken konnten durch ein Druckknopfsystem auf- oder abgesetzt werden. Die Körpergröße wurde auf den Kopfdorn graviert und in die Halsschüssel des Körpers gemalt, damit keine Größenverwechslungen entstanden und die Proportionen immer stimmten.

A - Figuren: 1. Babys mit nicht abnehmbarem, beweglichem Kopf. Hauchdünne handgeknüpfte Perücke, fest aufgeklebt. Arme von der Schulter aus biegsam bis in die Fingerspitzen. Flacher Rücken. Diese Puppen konnten nur sitzen oder liegen.

Größen: 0 bis 1

2. Kinderfiguren mit abnehmbaren Perücken und auswechselbaren Köpfen, sonst wie oben, Größe 2 - 3.

3. Kinderfiguren mit austauschbaren Köpfen, abnehmbare Perücke. Steife Beine, in der Hüfte beweglich. Arme von der Schulter an biegsam.

Schaufensterpuppen

B - Figuren: Kinderfiguren mit austauschbarem Kopf, abnehmbarer Perücke, Kugelgelenke in den Schultern, im Ellbogen und in der Taille. Diese Puppen konnten nur stehen, die Beine waren in der Schrittstellung etwas auseinanderzubiegen.

C - Figuren: Wie oben, jedoch auch beweglich in den Ellbogen, Hüften, Knien und Fußgelenken. Einzeln ausgearbeitete Finger. Diese Figuren konnten alle natürlichen Bewegungen nachahmen und sogar in den Fingern ein Blatt Papier halten.

AC - Figuren: Rumpf der A-Figur, aber mit Gelenken in der Taille und in den Knien.

C - Figuren: Erwachsene- und Teenagerfiguren mit folgenden Besonderheiten:

Standfigur Grundmodell SDF:
S = Unterkörper nur stehend.
D = Dekolleté angedeutet.
F = feste unbewegliche Arme, die nicht biegsam waren, sondern mit einer Schraubverbindung ummontiert werden mußten.

Standfigur SDV:
V = Vollständig bewegliche Arme

Figur mit vollständig beweglichem Unterkörper UDV:
U = universell beweglicher Unterkörper

Vollständig bewegliche Universalfigur UOV:
O = Vollständig beweglicher Oberkörper

Größen:

Kinderfiguren:
0 = 1/2 Jahr
1 = 3/4 Jahr
2 = 75 cm
3 = 85 cm
4 = 92 cm
5 = 100 cm
5K = 116 cm Knabengröße
6 = 110 cm
7 = 120 cm
8 = 130 cm (7 - 8 Jahre)
9 = 135 cm (9 - 10 Jahre)
10 = 140 cm (9 - 10 Jahre)
11 = 145 cm
12 = 150 cm
13 = 155 cm
14 = 160 cm

Teenager:
36 = 103 cm
38 = 106 cm

Damen:
Kleidergröße 38, 40, 42
von 165 cm bis 171 cm

Herren:
Kleidergröße 44 bis 50
von 179 cm bis 190 cm.

Während des II. Weltkrieges konnten keine Schaufensterpuppen hergestellt werden, da das Metall für die Körper nicht zu beschaffen war. Ab 1950 wurden sie wieder in Donauwörth gefertigt. Nach 1952 waren die Körper nicht mehr gewickelt, sondern mit Schaumstoff gefüllt. 1958 wurden diese Puppen an die Firma Kalinna in Lauingen verkauft, aber dort nur noch bis 1962 hergestellt.

Schaufensterpuppen (1933 – 1956)

125

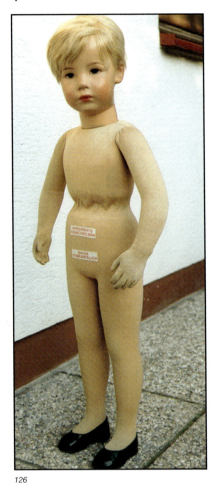

126

125 - 127 Schaufensterpuppe, *Friedebald, Stephan,* Größe 5, A-Figur, 10.03.1955, 92 cm Blonde handgeknüpfte Echthaarperücke, mit Druckknöpfen abnehmbar. Blaue Augen, mit gemalten Schatten, angedeutete Wimpern. Geschlossener Mund. Magnesitkurbelkopf, mit Metalldorn austauschbar. Trikotkörper mit Draht in den Armen. Finger einzeln beweglich. In der Taille zu bewegen. Beine können nur stehen. Dieser Puppenkopf wurde nach einer Büste von Käthes Sohn Friedebald hergestellt. Originale Wachstuchschuhe mit Loch für den Dornständer. Kinderbekleidung aus der Zeit.
4.500 – 5.200 DM

Schaufensterpuppen (1933 – 1956)

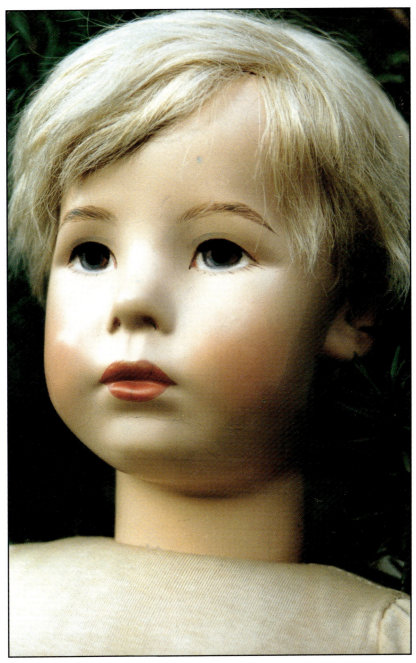

127

Schaufensterpuppen (1933 – 1956)

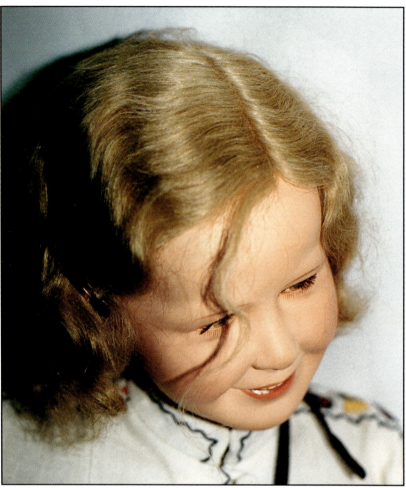

128

128 Schaufensterpuppe, Leni, Größe 5 - 6, A-Figur, 1937, 110 cm
Blonde handgeknüpfte Echthaarperücke, mit Druckknöpfen abnehmbar. Blau-grüne Augen mit einzeln gemalten Wimpern unten. Oberer Wimpernkranz = aufgeklebte Wimpern aus echtem Haar. Offen/geschlossener Mund mit modellierten Zähnen. Lachender Ausdruck (selten !). Magnesitkopf mit Metalldorn austauschbar. Trikotkörper mit Draht in den Armen. Finger abgesteppt. In der Taille zu bewegen. Beine können nur stehen. Originale Wachstuchschuhe. Dieses Modell stand 1937 auf der Leipziger Messe. Alte Kinderbekleidung aus der Zeit.
4.500 – 5.200 DM

Schaufensterpuppen (1933 – 1956)

129

129 Schaufensterpuppe,
Friedl, Kitty, Größe 5, A-Figur,
1943, 92 cm
Blonde handgeknüpfte Perücke, mit Druckknöpfen abnehmbar. Blaue Augen mit einzeln gemalten Wimpern unten. Oberer Wimpernkranz = aufgeklebte Wimpern aus echtem Haar. Geschlossener Mund. Magnesitkurbelkopf mit Metalldorn austauschbar. Trikotkörper mit Draht in den Armen. Finger abgesteppt. In der Taille zu bewegen. Beine können nur stehen. Originale Wachstuchschuhe mit Loch in der Pappsohle für den Dornständer. Kinderbekleidung aus der Zeit. Kopfmodell Friedbald wie Abb. 170 - 177.

4.500 – 5.200 DM

Schaufensterpuppen (1933 – 1956)

130

130 Schaufensterpuppe, *Friedebald - Gustl,* Größe 6, A-Figur, 1955, 110 cm
Dunkelblonde handgeknüpfte Echthaarperücke, mit Druckknöpfen abnehmbar. Braune Augen mit geklebten Echthaarwimpern oben. Unterer Wimpernkranz mit feinen Strichen gemalt. Geschlossener Mund. Magnesitkurbelkopf mit Metalldorn austauschbar. Trikotkörper mit Draht in den Armen. Finger abgesteppt. In der Taille zu bewegen. Beine können nur stehen. Kleidung neu. Schuhe fehlen. Nasenspitze und Stirn fachmännisch restauriert. Sonst guter Zustand.
4.000 – 4.500 DM

131 Schaufensterpuppe, *Caroline - Steffi;* Größe 5, A - C Figur, 18.03.1956, 110 cm
Blonde handgeknüpfte Echthaarperücke, mit Druckknöpfen abnehmbar, blaue Augen mit einzeln gemalten Wimpern unten. Blau-grüner Lidschatten, feingemalte Augenbrauen. Geschlossener Mund. Magnesitkurbelkopf mit Metalldorn austauschbar. Trikotkörper voll beweglich, mit mehreren Gelenken, auch in den Füßen. Hände einzeln beweglich. Originale Wachstuchschuhe mit Loch für den Dornständer. Kinderbekleidung aus der Zeit. Nasenspitze restauriert, kaum sichtbar. Sehr guter Zustand.
5.500 – 6.000 DM

Schaufensterpuppen (1933 – 1956)

131

Schaufensterpuppen (1933 – 1956)

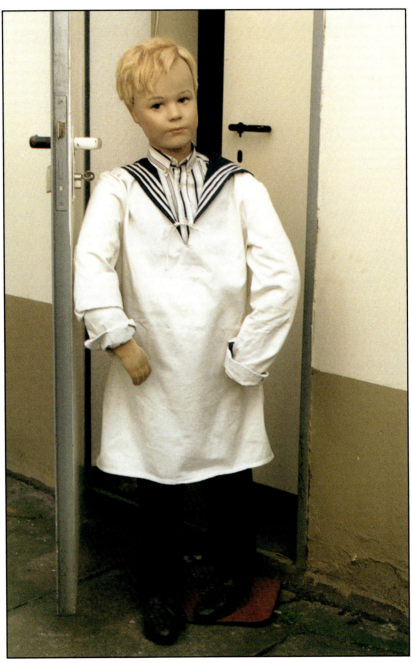

132

Schaufensterpuppen (1933 – 1956)

133

132 Schaufensterpuppe, *Walther - Maxi,* Größe 9, A-Figur, 1959, 135 cm
Handgeknüpfte blonde Echthaarperücke, mit Druckknöpfen abnehmbar. Blau-grüne Augen. Wimpern unten mit groben Pinselstrichen angedeutet. Oberer Wimpernkranz aufgeklebte Wimpern aus Kunststoff. Geschlossener Mund. Magnesit-kurbelkopf mit Metalldorn austauschbar. Trikotkörper gefüllt mit Schaumstoff (leicht!). Draht in den Armen. In der Taille zu bewegen. Beine können nur stehen. Originale Kunstlederschuhe mit Loch für Dornständer. Drähte im Körper gebrochen. Ausführung der Firma Kallina, nicht so aufwendig bemalt.
2.800 – 3.000 DM

133 Schaufensterbaby, *Ambrosius - Mausel,* Größe 1, A-Figur, 1937, 68 cm
Handgeknüpfte blonde Echthaarperücke. Braun-grün gemalte Augen. Gemalter Wimpernkranz unten. Reste von Echthaarwimpern oben. Schmollender Mund. Magnesitkurbelkopf beweglich auf Körper montiert. Nicht abnehmbar. Trikotkörper mit Draht in den Armen. Finger abgesteppt und biegsam. Körper (Liegestellung) mit angewinkelten nicht beweglichen Beinen. Kleine Abplatzer an der Nase und am Kinn. Die fehlenden Wimpern haben kleine Löcher in der Augenbemalung hinterlassen. Guter Zustand. Kinderbekleidung um 1900.
6.500 – 7.000 DM
In 1a Zustand 500,- DM mehr

Schaufensterpuppen (1933 – 1956)

134 Puppenmuseum Den Helder

134 Schaufensterpuppe, *Mäxchen,* Größe 5 - 6, A-Figur, 1954, 113 cm
Handgeknüpfte blonde Echthaarperücke, mit Druckknöpfen abnehmbar. Blau-grüne Augen. Grob gemalter Wimpernkranz. Geschlossener Mund. Magnesitkurbelkopf mit Metalldorn austauschbar. Draht in den Armen. In der Taille beweglich. Beine können nur stehen. Bekleidung aus der Zeit. Nasenspitze leicht bestoßen.

3.500 – 4.200 DM

Schaufensterpuppen (1933 – 1956)

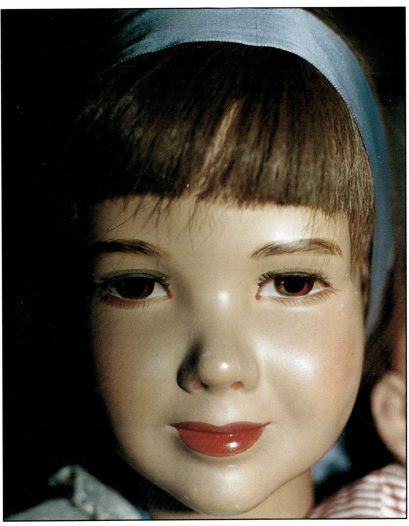

135 Puppenmuseum Den Helder

135 Schaufensterpuppe, *Susi - Monika,* Größe 6, A - C Figur, 1956, 110 cm
Handgeknüpfte dunkelbraune Echthaarperücke, mit Druckknöpfen abnehmbar. Braune gemalte Augen. Echthaarwimpern oben. Unten fein gestrichelte Wimpern gemalt. Geschlossener lachender Mund. Magnesitkurbelkopf mit Metalldorn austauschbar. Trikotkörper voll beweglich. Einzeln bewegliche Finger. Bekleidung aus der Zeit. Originale Wachstuchschuhe mit Loch in der Sohle für Dornständer. Sehr guter Zustand.
6.000 – 6.500 DM

Schaufensterpuppen (1933 – 1956)

136 Puppenmuseum Den Helder

136 Schaufensterdame, *Eva Erika,* Größe 8, C-Figur, um 1950, 140 cm.
Handgeknüpfte schwarze Echthaarperücke, mit Druckknöpfen abnehmbar. Braune gemalte Augen. Lange Echthaarwimpern oben. Gemalte Wimpern unten. Schwarzer Eyeliner-Strich oben und unten. Grünlicher Lidschatten gemalt. Geschlossener Mund mit pinkfarbenen Lippen. Magnesitkurbelkopf mit Metalldorn austauschbar. Trikotkörper voll beweglich. Ausmodelliertes Dekolleté. Finger einzeln beweglich. Bekleidung aus der Zeit. Guter Zustand. Erwachsenen-Figuren sind selten

6.000 – 7.000 DM

Puppe XIV,
Das schlanke Enkelkind

1952 wird zum 40jährigen Jubiläum der Firma Käthe Kruse eine dem Zeitgeschmack angepaßte, schlanke Puppe entworfen. Es ist eine "abgespeckte" Version der Puppe IX das deutsche Kind in 47 cm Größe. Ein Jahr lang wird diese Version mit Stoffkopf angeboten. Ab 1953 wird ein Tortulonkopf verwendet. Sie konnte mit handgeknüpfter Echthaarperücke oder tressierter Echthaarperücke bestellt werden. Version mit handgeknüpfter Perücke = XIV H; mit tressierter Perücke = XIV T.

1957 wird die Produktion wieder eingestellt, da sich der schlanke Körper nur schwer stopfen ließ. Das Enkelkind erhält noch einmal eine römische Ziffer als Typenbezeichnung (nicht bei Puppen aus der Nachkriegs-Produktion).

Puppe XIV (1952 – 1957)

137 Puppenmuseum Den Helder

137 Puppe XIV T, *"Das schlanke Enkelkind",* 1953, 47 cm Tressierte Echthaarperücke, blaue gemalte Augen, geschlossener Mund. Tortulonkurbelkopf. Nesselkörper mit locker angenähten Armen. Scheibengelenken in den Beinen. Schlanker Körper mit langen Beinen. Originale Schuhe. Kleid ergänzt. Guter Zustand.

1.800 – 2.500 DM
mit Stoffkopf 1.000 DM mehr

Modell „Käthe Kruse"
in Tortulon und Demiflex

1955 stellte Käthe Kruse eine ganz neue Puppengeneration vor. In Zusammenarbeit mit der Rheinischen Gummi- und Celluloid-Fabrik, Mannheim Neckarau, bekannter unter dem Namen „Schildkröt", wurden in Lizenz Puppen ganz aus Kunststoff hergestellt. Verwendet wurde das neue Material Tortulon.

Im Katalog wurden folgende Variationen angeboten:
1. mit von außen eingesetzten festen Glasaugen
2. mit Schlafaugen und Perücke
3. fester Kopf, gemaltes, modelliertes Haar mit anmodelliertem Haarband.

Größen:
35 cm fester Kopf, gemalte Augen, modelliertes Haar mit Haarband
40 cm mit Schlafaugen, festen Glasaugen oder gemalten Augen
45 cm gemalte Augen und modelliertes Haar.

1958 gab es nur noch "Käthe Kruse"-Puppen mit Schlafaugen. 1961 und 1962 wurden die Puppen "Modell Käthe Kruse" mit einem Vinylkopf (Demiflex) ausgestattet. Als Märchenpuppen angezogen und mit einem Schallplatten-Sprechwerk versehen waren sie aber kein Verkaufserfolg. Die Produktion wurde wieder eingestellt. Käthe Kruse erhielt ihre Lizenzen zurück und produzierte wieder alleine.

Modell „Käthe Kruse" (1955 – 1962)

138 Puppenmuseum Den Helder

139

138 Mädchen, Modell *"Käthe Kruse",* Tortulon, um 1950, 46 cm Dunkelbraune tressierte Echthaarperücke, blaue gemalte Augen, geschlossener Mund, originale Kleidung mit Schuhen. Guter Zustand.
1.400 – 1.500 DM

139 Mädchen, Modell *"Käthe Kruse",* Tortulon, um 1950, 46 cm Tressierte blonde Echthaarperücke, blaue Glasklappaugen (Schalenauge und Blechlid), originale Kleidung mit Schuhen. Guter Zustand.
1.250 – 1.300 DM

Modell „Käthe Kruse"(1955 – 1962)

140 Puppenmuseum Den Helder

140 Junge, Modell *"Käthe Kruse",* Tortulon, um 1958, 40 cm Tressierte dunkelblonde Echhaarperücke, gemalte blaue Augen, geschlossener Mund, originale Kleidung mit Schuhen. Guter Zustand.
1.400 – 1.550 DM

Mädchen, Modell *"Käthe Kruse",* Tortulon, um 1958, 40 cm Modellierte gemalte Haare, blaue gemalte Augen, geschlossener Mund, originale Kleidung mit Schuhen. Guter Zustand (selten).
1.600 – 1.700 DM

Modell „Käthe Kruse" (1955 – 1962)

141

Modell „Käthe Kruse"(1955 – 1962)

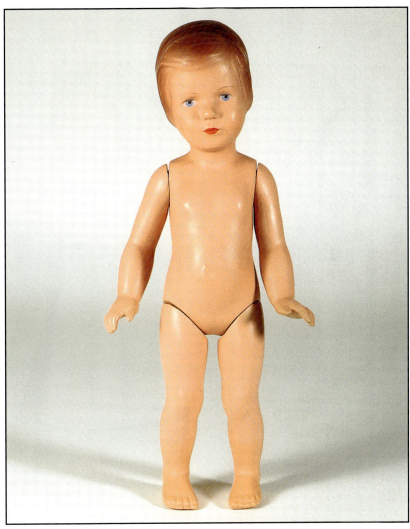

142 Fotoarchiv J. & M. Cieslik

141 Mädchen, Modell *"Käthe Kruse",* Tortulon, um 1958, 40 cm Dunkelblonde tressierte Echthaarperücke. Blaue Glasklappaugen (Schalenauge, Blechlid), geschlossener Mund, originale Kleidung. Sehr guter Zustand mit Etikett.

1.500 – 1.600 DM

142 Mädchen, Modell *"Käthe Kruse",* Tortulon, um 1958, 35 cm Modellierte und gemalte Haare mit einmodelliertem Haarband. Blaue gemalte Augen, geschlossener Mund. Fester Kopf, selten in der Größe. Guter Zustand.

1.400 – 1.500 DM

Modell „Käthe Kruse" (1955 – 1962)/Demiflex (1961 – 1962)

143

143 Hans und Gretel, Tortulon und Demiflex, 1961, 40 cm
Wie vor. Jedoch absolut originaler Zustand mit Etikett.
je 500 DM

144 Mädchen, Modell *"Käthe Kruse",* Tortulon und Demiflex, 1961, 40 cm
Eingenähte Haare aus Kunststoff (Saran). Von außen eingesetzte Kugelaugen aus Kunststoff. Körper aus Tortulon. Kleidung ergänzt aus der Zeit.
350 – 400 DM

Modell „Käthe Kruse" (1955 – 1962)/Demiflex (1961 – 1962)

144

Produktion nach dem Krieg, Kunststoffköpfe

1952 übernahmen Heinz Adler und seine Frau Hanne Adler-Kruse die technische und künstlerische Leitung des Familienbetriebes. Sie mußten neue Wege in der Produktion der bisher in reiner Handarbeit hergestellten Puppen gehen, um den Markt preisgerechter beliefern zu können. Heinz Adler entwickelte Kunststoffköpfe, die nun die traditionellen Stoffköpfe ablösten. In Spritztechnik und mit Hilfe von Schablonen wurden sie bemalt und erhielten so das typische "Kruse-Gesicht". Die Körper wurden nicht mehr bei allen Puppen handgestopft, sondern auch mit Schaumstoff gefüllt. Der Bekleidungsstil blieb traditionell und wurde nur langsam aktualisiert. Die textile Verarbeitung stand aber nach wie vor im Vordergrund und entspricht noch immer höchsten Qualitätsansprüchen. Hanne Adler-Kruse entwickelte eigene neue Modelle für die Firma. Sie wurden zusätzlich mit "Modell Hanne Kruse" gekennzeichnet.

Produktion nach dem Krieg, Kunststoffköpfe

Puppen nach 1952:

Kennzeichnung der Puppen nach 1952:

Von 1952 bis etwa 1958 wurden nicht alle Puppen gestempelt. Manchmal findet man auf der linken Fußsohle den Namenszug "Käthe Kruse" und die Jahreszahl der Herstellung. Ab 1968 erhielten alle Puppen, (Ausnahme: mit Trikotkörper) den Namenszug links und den Datumsstempel rechts. Außerdem wurden die Kleidungsstücke mit einem Stoffetikett (Aufschrift "Käthe Kruse") versehen. Diese Etiketten erleichtern heute dem Sammler das Erkennen von Original-kleidung.

Puppe 35 H.: Wie „Das kleine deutsche Kind" Puppe IX, mit handgestopftem Nesselkörper, Kunststoffkopf, tressierter und handgeknüpfter Perücke.

Puppe 35 BH.: (Baby mit Haaren) wie vor, jedoch mit Babykörper. Arme und Beine locker angenäht wie bei Puppe XII. Handgeknüpfter Nesselkörper. Ab 1977 Körper mit Schaumstoff.

Puppe 47 BH.: Wie vor, jedoch mit Jakimow-Kopf von Puppe XII. Kunststoffkopf und Nesselkörper handgestopft.

Puppe 47 H.: Puppe VIII „Das deutsche Kind". Kunststoffkopf, Nesselkörper handgestopft. Ab 1973 Nesselkörper mit Schaumstoffüllung. Arme locker angenäht. Beine mit Scheibengelenken.

Puppe 52 H.: Puppe VII „Das deutsche Kind". Kunststoffkopf, immer mit handgestopftem Nesselkörper. Locker angenähte Arme. Beine mit Scheibengelenken. Handgeknüpfte Echthaarperücke. Von 1957 bis 1969 nicht hergestellt.

Du Mein/Träumerchen: Bis 1965 noch mit Magnesitkopf. Dann mit Kunststoffkopf und Schaumstoffkörper, Trikotüberzug. Bis in die 80er Jahre nur für Krankenhäuser und Schwesternschulen in schwerer Ausführung. Ab 1970 mit blonder handgeknüpfter Kunststoffperücke auch als leichte Spielpuppe erhältlich.

Schummelchen, 45 cm.: Kopf von Puppe I in Kunststoff. Nesselkörper mit locker angenähten Armen, Beine mit Scheibengelenken. Auch mit Trikotkörper, Schaumstoffüllung und Drahtskelett. Tressierte Echthaarperücke oder handgeknüpfte Kunsthaarperücke. Nur bis 1957 hergestellt.

Produktion nach dem Krieg, Kunststoffköpfe

145

145 Schummelchen, um 1956, 45 cm
Kunststoffkopf Modell Puppe I. Tressierte Echthaarperücke, hellblond. Gemalte blaue Augen, gemalte Wimpern oben (selten!), geschlossener Mund. Kurbelkopf aus Kunststoff. Trikotkörper mit biegsamem Drahtskelett. Daumen angeschnitten. Finger abgesteppt. Schaumstoffüllung. Auf der linken Fußsohle Stempel: Made in US-Zone Germany 1956. Originalkleidung mit Schuhen. Guter Zustand.
2.800 – 3.200 DM

Produktion nach dem Krieg, Kunststoffköpfe

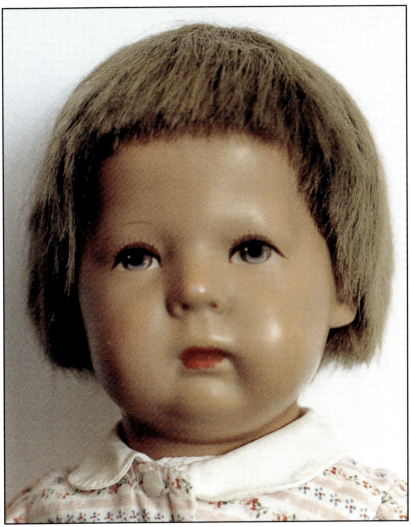

146

146 Schummelchen, *"Biball"*, 1956, 45 cm
Kunststoffkopf Modell Puppe I. Tressierte Echthaarperücke, dunkelblond gemalte blaue Augen, gemalte Wimpern oben (selten!), geschlossener Mund, Kurbelkopf aus Kunststoff. Handgestopfter Nesselkörper mit locker angenähten Armen und Scheibengelenken in den Beinen. Bekleidung original. Seltene Version mit Nesselkörper und gemalten Wimpern. Körper verschmutzt und kleinere Flickstellen an den Händen.

3.200 – 3.500 DM

Produktion nach dem Krieg, Kunststoffköpfe

147

147 Puppe 35 H, *Friedebald,* 1958, 35 cm
Tressierte blonde Echthaarperücke. Gemalte blaue Augen, geschlossener Mund. Kunststoffkurbelkopf. Handgestopfter Nesselkörper mit locker angenähten Armen. Beine mit Scheibengelenken. Auf der linken Fußsohle gestempelt: Made in US-Zone Germany 1958. Wunderschöne originale Kleidung mit Hut. Original Heft *"Meine Käthe Kruse-Puppe"* mit Pflegeanleitung. Sehr guter Zustand.
1.500 – 1.600 DM
in schlechterem Zustand 500 DM weniger

Modelle „Hanne Kruse"

Däumelinchen

25 cm groß, war das Däumelinchen 1957 auf der Spielwarenmesse in Nürnberg eine Sensation. Bis heute ein verkaufsstarker Artikel. Nach Igodi-Prinzip drehbarer Kopf auf Trikotkörper mit Schaumstoffüllung und Drahtskelett. Vollbeweglicher Stehkörper. Baby mit lockerem Köpfchen, lockeren Armen und Beinen. Auch mit geschlossenen gemalten Augen. Von 1962 bis 1977 mit handgeknüpfter Kunsthaarperücke. Danach nur Echthaar handgeknüpft oder gemaltes Haar.

Rumpumpel

1959 modellierte Hanne Adler einen Kleinkinderkopf mit offen/geschlossenem Mund. Kunststoffkurbelkopf, handgestopfter Nesselkörper, handgeknüpfte Perücke ab 1977 aus echtem Haar. Von 1967 bis 1970 auch mit gemaltem Haar.

32 BH.: Babykörper aus Nessel, handgestopft, mit locker angenähten Armen und Beinen. Etwa 1970 auch mit Trikotüberzug hergestellt.

32 H.: Stehkörper aus Nessel, handgestopft, mit locker angenähten Armen. Beine mit Scheibengelenken.

1991 wurde die Produktion eingestellt. Der Kopf des Rumpumpel findet jedoch weiterhin Verwendung für das neue Modell "Schummelchen".

Modell „Hanne Kruse"

Graziella

Hampelpuppe aus Holz. Fünfzehn verschiedene Sperrholzteile konnten mit Hilfe von Kunststoffnieten bewegt werden. Ein aufgemaltes Gesicht, Haare aus Wolle und ein Kleidchen machten diesen Hampelmann zum beweglichen Puppenbild. Er wurde von 1963 bis 1967 produziert. Rückseite des linken Fußes gestempelt: Modell Hanne Kruse.

Badebaby

1963 arbeiteten die Käthe Kruse-Werkstätten mit der Rheinischen Gummi- und Celluloid-Fabrik (Schildkröt) zusammen. Man bezog von Schildkröt das Körpergestell des Modells "Strampelchen". Dieser Körper wurde mit dem Kopf des Rumpumpel versehen. Mit gemalten Augen und Haaren wurde es so eine ideale Puppe zum Badespiel. Herstellung von 1963 bis 1974. 1991 wird die Produktion dieser Puppe wieder aufgenommen. 1993 gibt es erstmalig ein schwarzes Badebaby!

Doggi

Von 1964 bis 1967 wird das Däumelinchen zusätzlich auch als Vollvinylpuppe mit eingenähtem Kunsthaar angeboten. Auf dem Rücken der Puppe wurde der Namenszug "Käthe Kruse" eingeprägt.

Modell „Hanne Kruse"

148

148 - 152 Däumelinchen, Modell *"Hanne Kruse"*
Marktwert für ein Däumelinchen in guter Erhaltung und originaler Kleidung.
350 – 400 DM
ohne Originalkleidung bis 300 DM

Modell „Hanne Kruse"

149

150

151

152

Modell „Hanne Kruse"

153 Puppenmuseum Den Helder

153 Rumpumpel, *"Bette",* Modell *"Hanne Kruse",* 1968, 32 cm Handgeknüpfte blonde Echthaarperücke, gemalte blaue Augen mit Wimpern. Offen/geschlossener Mund. Kunststoffkurbelkopf. Handgestopfter Nesselkörper, locker angenähte Arme, Beine mit Scheibengelenken. Originalkleidung mit Schuhen.

800 – 900 DM

Modell „Hanne Kruse"

154

155

154 Rumpumpelbabys, um 1960, 32 cm
Handgeknüpfte Echthaarperükken,
links: blaue gemalte Augen mit Wimpern oben.
rechts: braune gemalte Augen mit Wimpern oben.
Handgestopfter Nesselkörper mit lockeren Armen und Beinen. Finger und Zehen abgesteppt. Ergänzte Kleidung. Guter Zustand.
je 700 DM
mit originaler Kleidung bis 200 DM mehr

155 Doggi, Modell *"Hanne Kruse", Linchen,* 1965, 25 cm
Ganz-Vinylpuppe. Eingenähtes dunkles Kunsthaar, gemalte blaue Augen. Stehkörper, Arme und Beine durch Scheibenverbindung beweglich. Originale Kleidung. Bemalung etwas verblaßt.
350 DM

Modell „Hanne Kruse"

156 Badebaby, Modell *"Hanne Kruse",* 1965, 23 cm
Gemalte Haare in Spritztechnik, gemalte blaue Augen mit Wimpern oben, offen/geschlossener Mund. Vierteiliger Babykörper von Schildkröt. Modell *"Strampelchen"* mit angewinkelten Armen und Beinen. Bekleidung ergänzt. Guter Zustand.

350 DM

Modell „Hanne Kruse"

157

157 Graziella, Holzpuppe, um 1963, 47 cm
Hampelpuppe aus Sperrholz, 15teilig. Durch Kunststoffnieten beweglich. Orangefarbenes Wollhaar, gemalte blaue Augen. Gemalter roter Mund. Bekleidet nur mit Unterhose. Auf der Rückseite des linken Fußes Stempel: *"Käthe Kruse".*

120 – 180 DM

Postkarten

Papierankleide-
puppen

Bücher

Zubehör

Repliken

Postkarten

158

Postkarten

159

158 Postkarte um 1920
Käthe Kruse-Puppen Verlag Raphael Tuck & Sons, England. Maler Fritz Hildebrandt. *"Oliette"*.
40 – 50 DM

159 Postkarte mit Puppen Modell I
aus: Deutscher Mädchenkalender 1921.
40 – 50 DM

160 Photopostkarte 40er Jahre. Kind mit Käthe Kruse-Puppe *"Hampelchen"*.
10 – 20 DM

155

Postkarten

161

Postkarten

162

163

161 - 169 V.E.B. Käthe Kruse-Postkarten

Planet Verlag, Berlin, um 1952

je 20 – 25 DM

164

165

Postkarten

166

167

Postkarten

168

169

Postkarten

170

171

170 - 177 Käthe Kruse-Postkarten, um 1952
Mit Modellen der Käthe Kruse-Werkstätten, Donauwörth.

je 25 – 30 DM

172

173

Postkarten

174

175

176

177

Papierankleidepuppen/Bücher

178

178 Papierankleidepuppe, gestaltete Anziehpuppe aus Pa-
30er Jahre pier. Vollständige Originalerhal-
Nach einer *"Käthe Kruse-Puppe"* tung.

250 – 300 DM

179

———————————————————————————— Zubehör

180

179 Bücher, *von links:* **Franz Schneider Verlag:** Sophie Reinheimer *"Die wunderbare Puppenreise"*. Eine Kindergeschichte über Käthe Kruse-Puppen, um 1960.
30 – 40 DM

Biographie von Käthe Kruse *"Das große Puppenspiel"*. Von Kurt Vowinckel Heidelberg, 1951. Erstausgabe, guter Zustand. Umschlag fehlt.
350 – 400 DM

Kuddelmuddel, *Kinderbuch,* von Käthe Kruse geschrieben. Sie erzählt von ihren Kindern und ihren Puppen, um 1940.
in guter Erhaltung: **80 – 120 DM**

180 Hüte für Käthe Kruse-Puppen von links

Strohhut für Puppe I, gehäkelter Bast mit Filzblüten, um 1920
250 DM

Kunststrohhut für Puppe VIII, um 1939
180 DM

Wollmütze mit Drahteinlage, für Puppe IX, um 1940
40 DM

Südwestermütze für Puppe XII, Baumwollkrepp gefüttert, um 1940
40 DM

Baskenmütze für Puppe X, Wollfilz, um 1930
40 DM

Zubehör

181 *Obere Reihe von links:*
Häkelschuhe für Puppe II, um 1920
50 DM

Lederschuhe für Puppe I, um 1920
280 DM

Ballerinen für Puppe VIII, um 1930
150 DM

mittlere Reihe:
Kunstlederschuhe für Puppe VIII, um 1930
je 150 DM

Sandalen Leder mit Pappsohle, um 1930
200 DM

untere Reihe:
Lederschuhe für Puppe 52 H. oder *"Schummelchen"*, 50er Jahre.
Rand abgesteppt!
je 80 DM

182 Verschiedene Schürzen für Puppe I und VII
je 40 DM
mit Stickerei je 90 DM

183 Mäntel und Anoraks:
Obere Reihe
links: **Pelerinenmantel** für Puppe I, Wolle, um 1918
380 DM
rechts: **Anorak** für Puppe I, Baumwolle, Karofutter, um 1930
60 DM
Untere Reihe:
links: **Anorak** für Puppe VIII bzw. 52 H., Baumwolle, 40er - 50er Jahre
50 DM
rechts: **Mantel** für Puppe VIII, Karofutter mit Kopftuch, 40er - 50er Jahre
60 DM

Zubehör

182

183

Zubehör

184 Schirme:
obere Reihe:
Schirme für Puppe I.
links: mit Elfenbeingriff, um 1910
380 DM

untere Reihe von links:
Holzschirm, kariert, 12 Stangen, Kunststein-Griff, um 1930
350 DM
Metallschirm, kariert, 8 Stangen, Kunststein-Griff, um 1930
380 DM
Holzschirm, kariert, 8 Stangen, Holzgriff, 50er Jahre
280 DM

Zubehör

186

185 Schlafanzüge:
Baumwolle für Jungen und Mädchen, für Puppe VII, um 1939
80 DM

186 kleiner Korb, Ratansplitt, ca. 8 cm breit,
für Postkarten mit Puppe VII verwendet und verkauft, um 1929
80 DM

187 kleiner Puppenwagen, ca. 12 cm groß, Weidengeflecht,
für Postkarten mit Puppe VII verwendet und verkauft, um 1929
150 DM

187

167

Repliken

188 Foto: Käthe Kruse GmbH

Repliken

189 Foto: Käthe Kruse GmbH

188 Puppe 52 H, Sonderauflage 1986, *Isebill und Friedebald,* 52 cm
Hergestellt zum 75. Firmenjubiläum in limitierter Auflage von 1.000 Stück. Handgeknüpfte blonde Echthaarperücken, blaue gemalte Augen, Kunststoffkurbelkopf. Handgestopfter Nesselkörper mit locker angenähten Armen, Beine mit Scheibengelenken. Bekleidung angelehnt an den Katalog von 1930. Je Paar:
Ausgabepreis: **1.700 DM**
Marktpreis: **3.000 DM**

189 Puppe I H, Sonderauflage 1990, *Jockerle und Margretchen,* 47 cm
Replik anläßlich der Firmenübergabe 1990 in limitierter Auflage von 500 Stück. Handgeknüpfte blonde Echthaarperücken, blaue gemalte Augen, Kunststoffkurbelkopf. Handgestopfter Nesselkörper mit locker angenähten Armen, Beine mit Scheibengelenken. Bekleidung im Trachtenstil. Paar:
Ausgabepreis: **2.590 DM**
Marktpreis: **2.800 DM**

Repliken

190 Foto: Käthe Kruse GmbH

190 Puppe X H, Sonderauflage 1991, *Peter und Kathrinchen,* 35 cm. Replik anläßlich 80 Jahre Käthe Kruse-Puppen in limitierter Auflage von 600 Stück. Handgeknüpfte Echthaarperücken, gemalte Augen, Kunststoffkurbelkopf. Handgestopfter Nesselkörper mit locker angenähten Armen, Beine mit Scheibengelenken. Traditionelle Kleidung mit Handstickerei.
Ausgabepreis: **2.380 DM**

191 Puppel, Sonderauflage 1993, *Maarten en Katrientje,* 43 cm. Replik anläßlich des 5jährigen Bestehens des Käthe Kruse-Museums in Den Helder, Auflage: 30 Pärchen. Feingemalte Haare, gemalte Augen, Kunststoffkurbelkopf. Handgestopfter Nesselkörper mit locker angenähten Armen, extra angenähten Daumen. Beine mit Scheibengelenken, breite Hüften (!). Traditionelle Holländertracht wie im Katalog von 1913.
Ausgabepreis: das Paar
3.400 DM

Repliken

191 Foto: Käthe Kruse GmbH

ANZEIGEN

ANZEIGEN

THOMAS DAHL
SCHÖNE, ALTE PUPPEN · TEDDYBÄREN

PUPPENKLINIK – TEDDYBÄRENREPARATUR
SACHVERSTÄNDIGER FÜR ANTIKE PUPPEN
ANKAUF · VERKAUF · TAUSCH

THOMAS DAHL
FRIEDRICH-BREUER-STR. 16 • (ECKE HERMANNSTR.)
53225 BONN • TELEFON 02 28/46 89 11

Öffnungszeiten: Di. – Fr. 10.00 – 13.00 u. 15.00 – 18.00 • Sa. 11.00 – 13.00
montags geschlossen

ANZEIGEN

PUPPENSTUBE
HAMBURG
käthe kruse-puppen, künstlerpuppen, antike puppen, marionetten und miniaturen
20355 Hamburg, Valentinskamp 34 und Hanse Viertel und Quarree

NORDRACHER

von Gaby Spitzmüller

NORDRACH mitten im Schwarzwald
1000 Puppen und Teddy´s
auf 300 qm in Vitrinen
Öffnungszeiten: 14-17 Uhr :
Freitag-Samstag-Sonntag-Montag
und an Feiertagen!
für Gruppen ab 6 Personen zu
anderer Zeit möglich:Ruf :
07838/1225 oder 313 in
77787 NORDRACH/Baden/Ortenau

Homburger Puppenhaus

PUPPENKLINIK
(fachger.Restauration
v.Käthe Kruse Puppen)

Künstlerpuppen & Teddybären
Antike Puppen & Spielzeug
Puppenkleidung & Bastelartikel
Puppenhäuser & Miniaturen

Di.-Sa.   Di.Do.Fr.
10-12 Uhr   15-18 Uhr

B.von Klitzing
Frankfurter Ldstr.108
61352 Bad Homburg
Tel.06172/44884

FÜHREND IN KÄTHE KRUSE PUPPEN
SCHÄTZUNGEN - AN- UND VERKAUF - EXPERTISEN

Wir sind auch am Ankauf von ganzen
Sammlungen interessiert und
zahlen Höchstpreise!

Andreas Xenidis

Mainstr. 64 • P.O.Box 1509
Frankfurt-Airport
65451 Kelsterbach

Telefon: 0 61 07 / 6 13 42
oder   0 61 07 / 42 92
Telefax: 0 61 07 / 6 13 32

An- und Verkauf

Antike Puppen, Steifftiere,
Teddys. Kaufläden, Puppen-
küchen und Zubehör.

Käthe Kruse
POPPENMUSEUM

BINNENHAVEN 25 • NL 1781 BK Den Helder
Tel. 0031 (2230) 16704

Schon seit 4 Generationen sind Käthe Kruse-Puppen beliebtes Spielzeug für Kinder. Heute sind sie ein Sammelobjekt für Erwachsene. Unsere Privatsammlung ist angewachsen zu einem vollwertigen Käthe Kruse Museum, das erste Museum in Europa mit ausschließlich Käthe Kruse-Puppen und Zubehör. Sie werden nicht nur Puppen von Käthe Kruse bei uns finden, sondern auch Originalbriefe, Fotos, Kataloges, Bücher und Ansichtskarten. Wir werden weiterhin sammeln und sind ständig auf der Suche nach neuem Material und Puppen für unser Museum. Nur so können wir ein vollständiges Bild der Käthe Kruse-Puppen geben, die zwischen 1911 und heute hergestellt worden sind. Wir heißen Sie herzlich willkommen in unserem „Käthe Kruse Poppenmuseum".

Tiny und Frans Riemersma

ANZEIGEN

Wir akzeptieren:

ANTIKE PUPPEN & BLECHSPIELZEUG
ANKAUF · VERKAUF · TAUSCH
KÄTHE KRUSE - BLECHSPIELZEUG - PUPPENSTUBEN

KLAUS UND BARBARA BILDT
47807 KREFELD · TEL. 0 21 51 / 30 11 45
KÖLNER STR. 605 · FAX 0 21 51 / 30 99 09

———————————————————————————— ANZEIGEN

Käthe-Kruse-Puppen-Museum der Stadt Donauwörth

Pflegstraße 21 a

Über 130 Spielpuppen, 8 Schaufensterfiguren und mehr als 50 Soldaten- und Puppenstubenfiguren der bekannten Puppenkünstlerin Käthe Kruse von 1912 bis heute. Reizende Puppenspielszenen, große und kleine Puppenhäuser, drehbare Karussells, Videofilm über die Puppenherstellung u.v.m.

Öffnungszeiten:
Mai bis Sept. tägl. (außer Montag) 14-17 Uhr
Okt. bis Apr. Mit., Sa., So., Feiertage 14-17 Uhr
Tel. 09 06 / 78 91 48 oder 09 06 / 78 91 45,
Führungen nach Voranmeldung.

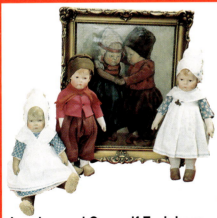

Nicht nur

teure Charakterpuppen sind selten. Wir interessieren uns für alles, was eine Puppen-Sammlung interessant macht. Wenn Sie also etwas besonderes kaufen oder verkaufen wollen, rufen Sie uns bitte an.

Laraine und Gangolf Freisberg

USA: Tel. 001(606)885-1833
FAX 001(606)885-1933
Deutschland: Tel. 02632/82912
FAX 02632-82200

ANZEIGEN

𝕭abette 𝕾chweizers 𝕻anoptikum
- Schellingstr. 81 -   D-80799 München
Tel. 089 / 2 72 26 66   Inh.: Wicki Schweizer
Geöffnet Mo.-Fr. 14.30-18.00 Uhr

Antike Puppen - Puppenstuben - Zubehör - Fachliteratur

Manche werden nie erwachsen

Ladenburger Spielzeugauktion

März und September

Katalog + Information
Rheingaustraße 36
68526 Ladenburg
Telefon: 0 62 03/1 30 14

Spezialauktionen jeder Art möglich

PUPPENKLINIK
restauriert und modelliert

• alte Körper, fehlende Finger usw.
Auswahl an:
• Antik-Puppen, -Stuben, Antik-Spielzeug
• Schuhen • Kleidern • Perücken

R. Ladinigg, Holzstraße 1, 72622 Nürtingen
Telefon 0 70 22 / 3 58 91 oder 0 70 22 / 4 33 01

ANZEIGEN

„Cieslik's PUPPENMAGAZIN" richtet sich an jeden, der die Welt der Puppen kennt oder kennenlernen möchte. Also eine Pflichtlektüre für Sammler, Händler und Hersteller, für Museen und Puppenmacher. Jeder kommt auf seine Kosten: Leser, die alte Puppen sammeln; Leser, die sich für neue Puppen interessieren; Leser, die sich kreativ mit dem Anfertigen von Puppen beschäftigen.

„Cieslik's PUPPENMAGAZIN" ist unabhängig und nicht an Verkaufsorganisationen gebunden. Davon profitieren unsere Leser. Denn: Wo es im Puppenalltag nicht stimmt, Wann eine Fälschung vorliegt oder: Wann das Puppenmachen gefährlich wird – auch solche Themen können Sie nachlesen.

„Cieslik's PUPPENMAGAZIN" entsteht unter höchsten Qualitätsansprüchen. Das gilt auch für Druck und Papier. Jede Ausgabe ist durchgehend farbig. Ein ästhetischer Genuß – von der ersten bis zur letzten Seite.

„Cieslik's PUPPENMAGAZIN" leuchtet Hintergründe aus, gibt Orientierungshilfen und erkennt und beschreibt Trends. Mit jeder Ausgabe wächst Ihr Wissensvorsprung über alles, was mit Puppen zu tun hat.

„Cieslik's PUPPENMAGAZIN" schaut über die Ländergrenzen hinaus. Denn Puppensammler und Puppenkünstler gibt es weltweit. Kompetente Fachleute schreiben für Sie auf, was sich auf internationaler Ebene tut.

ANZEIGEN

„**TEDDYBÄR und seine Freunde**" ist eine Zeitschrift speziell für die Freunde und Liebhaber von Teddybären und Plüschtieren. Sie richtet sich an Sammler, Händler und Hersteller, Teddybärkünstler und Museen.

„**TEDDYBÄR und seine Freunde**" behandelt alle Themen: Antike und neue Bären, Schnittmuster, Repros, Teddy-Mode, Museen, Künstler und ihre Bären, Plüschtiere, aktuelle Marktpreise.

„**TEDDYBÄR und seine Freunde**" gibt Tips und Informationen über Börsen, Termine, Gelegenheiten.

„**TEDDYBÄR und seine Freunde**" entsteht unter höchsten Qualitätsansprüchen. Das gilt auch für Druck und Papier. Sie ist durchgehend farbig.

„**TEDDYBÄR und seine Freunde**" ist unabhängig. Dahinter steht kein Plüschtierhersteller oder Interessenverband.

„**TEDDYBÄR und seine Freunde**" veranstaltet jedes Jahr einen Wettbewerb: „Wer macht den schönsten Teddybären?" zum vorgegebenen Thema. Natürlich gibt es auch Preise.

„**TEDDYBÄR und seine Freunde**" leuchtet Hintergründe aus, gibt Orientierungshilfen und erkennt aktuelle Trends.

ANZEIGEN

Wenn Sie sich entscheiden, *„Cieslik's PUPPENMAGAZIN"* regelmäßig zu beziehen, sind Sie künftig rundum gut über alles informiert, was sich in der Welt der Puppen abspielt. Ihr Vorteil: Das Einzelheft kostet 20 DM: im Abonnement bezahlen Sie für 4 Ausgaben zur Zeit nur 66.00 DM incl. Porto (Übersee: 90 DM). Der Bezug ist nur direkt vom Verlag möglich. Nehmen Sie doch einfach ein Probe-Abonnement über vier Ausgaben. Wenn Ihnen die Zeitschrift nicht gefällt, dann genügt eine schriftliche Mitteilung an den Verlag drei Monate vor Ablauf des Abonnements. Entscheiden sich für den regelmäßigen Bezug und erhalten pünktlich und regelmäßig *„Cieslik's PUPPENMAGAZIN"* ohne Unterbrechung (erscheint jeweils am 10. Februar, 10. Mai, 10. September, 10. November - merken!). Sie profitieren als Abonnent von 17,5 % Preisvorteil im Vergleich zum Einzelverkauf. Sie bezahlen dann also pro Heft z. Z. nur 16.50 DM statt 20.00 DM.

Teddybären haben einen täglich wachsenden Freundeskreis. Deshalb ist eine eigene Zeitschrift für diesen liebenswerten Plüschgesellen notwendig: **„TEDDYBÄR und seine Freunde"**. Sie erscheint vier mal im Jahr und zwar am 20. Februar, 20. Mai, 20. September und am 20. November. Freuen Sie sich auf jede Ausgabe. Sie wird exklusiv für die Teddybär- und Plüschtierfans gemacht. Im Großformat: 21 x 27 cm und das durchgehend farbig mit wunderschönen Fotos und Reportagen. Abonnieren Sie **„TEDDYBÄR und seine Freunde"** zur Probe für ein Jahr. Prüfen Sie in Ruhe! Wenn Ihnen die Zeitschrift nicht gefällt, kündigen Sie den Auftrag spätestens drei Monate vor Ablauf des Abonnements. So einfach ist das. Ihr Preisvorteil: Für das Jahresabonnement zahlen Sie DM 36.00 (Ausland DM 40.00) für 4 Ausgaben, egal wann Sie das Abo beginnen (statt DM 44.00 – Einzelpreis DM 12.00). Sie Sparen also 15,5 Prozent.

Prämien-Karte ✻ Hier ist der neue ABONNENT für
Ciesliks PUPPENMAGAZIN

Schicken Sie mir bitte "Ciesliks PUPPENMAGAZIN" für mindestens ein Jahr (4 Ausgaben) zum Preis von zur Zeit DM 66.00 (incl. MWSt. und Versandkosten - Luftpost/USA DM 90.00) Die Zeitschrift wurde von mir in den letzten 24 Monaten nicht im Abonnement bezogen. Der Bezugszeitraum verlängert sich nur dann um ein Jahr, wenn nicht spätestens 3 Monate vor Ablauf des Abonnements gekündigt wird.

Ich wünsche ein Abonnement ab   ❏ 1/93   ❏ 2/93   ❏ 3/93   ❏ 4/93   (bitte ankreuzen)   oder ....   (selbst eintragen)

Vor- und Zuname des Abonnenten

Straße und Hausnummer   Land/Postleitzahl, Wohnort

Zahlungsweise (bitte ankreuzen):   [ ] bequem durch Bankeinzug (Inland)   [ ] mit beiliegendem Euroscheck (Ausland)

Bankleitzahl   Kontonummer   Geldinstitut

Datum / Unterschrift
Abonnementsaufträge können innerhalb von 14 Tagen mit einer schriftlichen Mitteilung an den Verlag Marianne Cieslik, Th.-Heuss-Str. 185, W-52428 Jülich, widerrufen werden. Rechtzeitige Absendung genügt zur Fristwahrung.

Unterschrift   PPF93/94

-- ✂

Hier ist der neue ABONNENT ✻ **Prämien-Karte**
TEDDYBÄR und seine Freunde

Schicken Sie mir "TEDDYBÄR und seine Freunde" für mindestens ein Jahr (4 Ausgaben) zum Preis von zur Zeit DM 36.00 (incl. MWSt. und Versandkosten - Ausland: DM 40.00 - Luftpost DM 60.00) Der Bezugszeitraum verlängert sich nur dann um ein Jahr, wenn nicht spätestens 3 Monate vor Ablauf des Abonnements gekündigt wird.

Ich wünsche ein Abonnement ab   ❏ 1/93   ❏ 2/93   ❏ 3/93   ❏ 4/93   (bitte ankreuzen)   oder ....   (selbst eintragen)

Vor- und Zuname des Abonnenten

Straße und Hausnummer   Land/Postleitzahl, Wohnort

Zahlungsweise (bitte ankreuzen):   [ ] bequem durch Bankeinzug (Inland)   [ ] mit beiliegendem Euroscheck (Ausland)

Bankleitzahl   Kontonummer   Geldinstitut

Datum / Unterschrift
Abonnementsaufträge können innerhalb von 14 Tagen mit einer schriftlichen Mitteilung an den Verlag Marianne Cieslik, Th.-Heuss-Str. 185, W-52428 Jülich, widerrufen werden. Rechtzeitige Absendung genügt zur Fristwahrung.

Unterschrift   KKPF

Ich interessiere mich für

- ❐ Antike Puppen
- ❐ Teddybären
- ❐ Künstlerpuppen
- ❐ Reproduktionen
- ❐ Celluloidpuppen
- ❐ Barbie-Puppen
- ❐ Miniaturen
- ❐ Blechspielzeug

Senden Sie Ihr Informationsmaterial auch an folgende Adresse:

_____

_____

_____

Bitte frei- machen

Postkarte

An den
Verlag Marianne Cieslik
Theodor-Heuss-Str. 185
W-52428 Jülich-Koslar

✂--

Ich interessiere mich für

- ❐ Antike Puppen
- ❐ Teddybären
- ❐ Künstlerpuppen
- ❐ Reproduktionen
- ❐ Celluloidpuppen
- ❐ Barbie-Puppen
- ❐ Miniaturen
- ❐ Blechspielzeug

Senden Sie Ihr Informationsmaterial auch an folgende Adresse:

_____

_____

_____

Bitte frei- machen

Postkarte

An den
Verlag Marianne Cieslik
Theodor-Heuss-Str. 185
W-52428 Jülich-Koslar

☐ **LEXIKON DER DEUTSCHEN PUPPEN-INDUSTRIE –**
Standardwerk   **196.00 DM**

☐ **DAS GROSSE SCHILDKRÖTBUCH –**
Celluloidpuppen von 1896 bis 1956,
218 S., 510 Abb.   **74.50 DM**

☐ **DIE SCHÖNSTEN PUPPEN VON SIMON & HALBIG –**
250 S., 560 Fotos   **74.50 DM**

☐ **MEINE PUPPEN-SAMMLUNG –**
Ordner mit 50 Einlagen zum Eintragen eigener Puppen   **34.80 DM**

☐ **LEHRBUCH DER PUPPENSCHNEIDEREI –**
113 Farbfotos, mit Schnittmusterbogen   **54.50 DM**

☐ **CIESLIK'S PUPPENBESTIMMUNGSBUCH –**
3. Ausgabe
(Serien-Nr., Markenzeichen usw.)   **29.80 DM**

☐ **KNOPF IM OHR –**
Steiff-Geschichte   **128.00 DM**

☐ **STEIFF-PREISFÜHRER 92 –**
224 S., 390 farbige Abb.   **42.80 DM**

☐ **CELLULOID-PUPPEN, PREISFÜHRER 92 –**
200 S., 380 Farbabb.   **42.80 DM**

☐ **BARBIE-PREISFÜHRER –**
196 S., 280 farbige Abb.   **42.80**

☐ **PUPPEN-PREISFÜHRER 91/92 –**
224 S., 275 farbige Abb.   **39.80 DM**

☐ **PREISFÜHRER ZUBEHÖR FÜR PUPPENSTUBEN –**
184 S., 250 Abb., teils farbig   **39.80 DM**

☐ **EIN JAHRHUNDERT BLECHSPIELZEUG –**
100 Jahre E. P. Lehmann, Bildband   **79.00 DM**

☐ **EIN JAHRHUNDERT BLECHSPIELZEUG –**
(engl. Ausgabe)   **79.00 DM**

☐ **BLECHSPIELZEUG-PATENTE –**
(2 Bände)   **49.80 DM**

☐ **JAHRBUCH DER PUPPENKUNST 1991 –**
d*eutsch/engl., Bildband, 148 S.,
297 farb. Abb.*   **58.00 DM**

☐ **PUPPEN-POESIE –**
Gedichte und Abb. vom Biedermeier
bis zur Kaiserzeit, 68 S.   **24.80 DM**

☐ **JAHRBUCH FÜR PUPPENFREUNDE –**
*Immerwährender Kalender,
120 Abb., 196 S.*   **34.80 DM**

Ort und Datum   Unterschrift

Ich zahle durch Lastzugeinschrift

Einzugsermächtigung

*(nur für Kunden in der BRD). Hiermit ermächtige ich Sie,
alle Rechnungen künftig von meinem Konto abzubuchen.*

Absender:

_____
Name, Vorname oder Firmenstempel

_____
Telefon (für Rückfragen)

_____
Straße/Nr.

_____
PLZ-Ort

_____
Kunden-Nr. (bei Abonnenten)

_____
Konto-Nr.   Bankleitzahl

_____
Name und Ort der Bank oder Postgiroamt

_____
Ort/Datum   Unterschrift

Ich interessiere mich für

- ❏ Antike Puppen
- ❏ Teddybären
- ❏ Künstlerpuppen
- ❏ Reproduktionen
- ❏ Celluloidpuppen
- ❏ Barbie-Puppen
- ❏ Miniaturen
- ❏ Blechspielzeug

Postkarte

Bitte in Umschlag stecken

Senden Sie Ihr Informationsmaterial auch an folgende Adresse:

_____

_____

_____

An den
Verlag Marianne Cieslik
Theodor-Heuss-Str. 185
W-52428 Jülich-Koslar

✂ --

VERLAG MARIANNE CIESLIK
Der Spezialverlag
für die schönste Sache der Welt:
Das Sammeln von Puppen & Teddybären

LEHRBUCH DER PUPPENSCHNEI-DEREI von Inge Spiegel, Grundkurs zum Selbstnähen von Puppenkleidung, 113 Farbfotos, mit separatem Schnittmusterbogen und allen Schnitten, großes Format 26 x 22 cm

54.50 DM

MEINE PUPPEN-SAMMLUNG, großzügige Gestaltung 21 x 25 cm, Kunststoff-Ordner, als Reihenwerk benutzbar (Band I, II, usw. für große Sammlungen), 50 Loseblatt-Einlagen für 50 einzelne Puppen-Dokumentationen, Musterseite, Raum für zwei Dokumentations-Fotos von jeder Puppe **34.80 DM**
20 Einlagen zur Ergänzung **12.20 DM**

KNOPF IM OHR – Die Geschichte des Teddybären und seiner Freunde: Autorisierte Ausgabe der Margarete Steiff GmbH. Durchgehend Farbe, 900 Abb., Format 21,5 × 28 cm, 264 S.

128.00 DM

DAS GROSSE SCHILDKRÖT-BUCH – Celluloidpuppen von 1896 bis 1956 –, Format 21 x 25 cm, über 500 Abbildungen, in Farbe und schwarz/weiß, 218 Seiten, fester Einband

74.50 DM

Bestellen Sie direkt beim
Verlag Marianne Cieslik
Theodor-Heuss-Straße 185 · D-52428 Jülich-Koslar

Notizen